山西财经大学理论经济学文库
山西省“1331工程”资助出版

我国利率期限结构与货币政策调控交互影响机制研究

——基于宏观金融的视角

郭俊芳 ◎ 著

中国财经出版传媒集团
中国财经经济出版社

图书在版编目（CIP）数据

我国利率期限结构与货币政策调控交互影响机制研究：基于宏观金融的视角/郭俊芳著. --北京：中国财政经济出版社，2020.9
ISBN 978-7-5095-9985-3

Ⅰ.①我… Ⅱ.①郭… Ⅲ.①利率机制-关系-货币政策-研究-中国 Ⅳ.①F822.0

中国版本图书馆CIP数据核字（2020）第157701号

责任编辑：李筱文　　　　责任校对：胡永立
封面设计：陈宇琰

中国财政经济出版社出版
URL：http：//www.cfeph.cn
E-mail：cfeph@cfeph.cn

社址：北京市海淀区阜成路甲28号　邮政编码：100142
营销中心电话：010-88191537　北京财经书店电话：64033436　84041336
北京财经印刷厂印刷　各地新华书店经销
710×1000毫米　16开　12.25印张　170 000字
2020年9月第1版　2020年9月北京第1次印刷
定价：50.00元
ISBN 978-7-5095-9985-3
（图书出现印装问题，本社负责调换）
本社质量投诉电话：010-88190744
打击盗版举报热线：010-88191661　QQ：2242791300

摘　要

在我国经济增速放缓，供给侧改革不断推进的背景下，为了适应新常态，我国货币政策框架需要完善目标体系、转变政策调控方式、疏通政策传导渠道和提升政策实施效果。如何正确认识和评估政策调控方式对我国宏观经济和金融市场的影响，如何制定有效的政策利率规则，以及进一步发挥利率调控模式的效果是我国当前亟待解决的热点问题。

国债利率期限结构是一国宏观经济调控的指示器、货币政策实施的参照系、金融资产定价与风险管理的基准。货币政策与利率期限结构具有交互影响。一方面货币政策是国债利率期限结构和风险溢价的重要驱动因素。央行通过直接调控短期利率，影响投资者对未来短期利率的预期和风险补偿的要求，进而间接影响中、长期利率。同时，不同的政策调控方式会改变宏观均衡路径，而宏观态势的变化又会影响期限结构的区制特征和风险溢价水平与波动情况。另一方面，利率期限结构反过来又会影响政策调控和传导效果。由于长期利率是经风险调整后未来短期利率的期望值，所以国债收益曲线包含着公众对未来宏观经济、短期利率的预期信息，能为货币政策制定提供前瞻性的决策参考。同时，利率渠道是货币政策的一条重要传导渠道，债券价格中的预期和风险溢价成分会影响利率渠道的传导效果。

因此，本书利用利率期限结构和货币政策的动态关联关系，研究货币政策调控方式对我国国债收益率和风险溢价的影响，以及利率期限结构对货币政策实施和传导效果的反馈影响与作用机制。具体本书研究了以下四个问题：

（1）货币政策调控如何影响我国利率期限结构的区制变动？如何实施政策稳定债券市场价格、降低风险补偿是央行关注的一个要点。

（2）当前我国货币政策调控的操作规范面临着由被动的相机抉择向主动的承诺规则转变。正确评估政策调控规范转型对金融资产收益和风险水平的冲击是我们把握调控时机、掌握调控力度的重要依据。那么承诺规则制比相机抉择制是否能显著减少国债收益率波动，以及降低其风险价格水平？两种操作规范下债券收益率和风险溢价动态的差异是一个值得关注的问题。

（3）经济新常态下，我国货币政策中介目标和操作目标有从数量型为主向价格型为主转变的需求，这就需要构建以利率调节为主的价格型调控规则。那么在构建、识别与估计政策利率规则时，如何充分利用无套利条件下利率期限结构蕴含的丰富信息，以提高政策制定的前瞻性、准确性和实施效果？

（4）在利率调节为主的调控模式下，利率传导渠道将显得尤为重要。风险溢价是中、长期利率的重要影响因素，厘清货币政策的风险溢价传导渠道对增强利率传导效果会非常有益。那么我国货币政策的风险溢价传导渠道是否通畅？其传导效果如何？相关问题我国学术界还尚未研究，本书将对此展开理论和实证探讨。

宏观—金融模型通过把宏观经济结构和无套利利率期限结构结合在一个框架内，可以更好地研究宏观经济、货币政策、债券市场三者的相互作用机制。相比早期的 VAR 模型，宏观金融模型同时具有微观主体的最优化行为约束和债券市场的无套利约束条件。模型复杂的结构和丰富的经济内含，为研究提供了深层次的微观基础，同时也可以内生风险，揭示风险的生成机制。因此，本书在微观金融和宏观经济联合的新视角下，采用前沿的宏观—金融模型和多种结构宏观计量方法展开了两个层面的研究：首先是货币政策调控方式对我国利率期限结构、风险溢价的影响；其次是利率期限结构对货币政策实施，及利率渠道传导效果的反馈影响和作用机制。研究内容和结论如下：

（1）本书检验了我国国债利率期限结构是否具有非线性特征，然后采用基于新凯恩斯结构的宏观—金融模型，考察了货币政策调控历程对我国利率期限结构区制变动的影响。研究得出：我国投资者对货币政策冲击较敏感，对货币政策波动引起的风险要求较高的补偿。货币政策波动性，以及投资者对货币政策不确定性风险的补偿要求对我国利率期限结构区制特征具有显著影响。

（2）在社会福利损失最小的最优货币政策约束条件下，本书构建了基于动态随机一般均衡结构（DSGE）的宏观—金融模型，分别从理论分析和实证检验角度对比了相机抉择和事先承诺规则两种不同的货币政策操作规范和政策信誉，对最优均衡产出、通胀、国债利率期限结构及其风险溢价的影响差异。研究得出：相比于相机抉择制，承诺规则制下货币政策信誉提高了，导致长期利率波动减小、利差更低、利率期限结构对预期假说的偏离更小。同时，政策信誉的提升使得投资者明显减少了系统性通胀风险的补偿索求。所以在承诺规则制下，风险溢价的绝对值和时变波动率均降低。

（3）基于无套利条件下的利率期限结构，构建了包含收益率曲线完整信息的无套利基准型、无套利后顾型、无套利前瞻

型、无套利前瞻后顾混合型四种政策利率规则，并与单方程泰勒规则进行了实证对比。研究得出：无套利条件下的泰勒规则能避免对经济产出刺激过度以及对通胀控制不足，可以提高政策调控的前瞻性和科学性。我国的货币政策操作在一定程度上具有以无套利混合型泰勒规则为特征的客观规律性。

（4）通过构建含有不可观测风险因子的宏观—金融仿射无套利模型，本书解释了我国国债风险溢价更深层次的来源和周期特征，检验了我国货币政策是否具有风险溢价传导渠道，同时也分析了货币政策、风险溢价、宏观经济的交互影响。研究得出：我国货币政策的风险溢价传导渠道具有一定作用效果。宽松的货币政策会降低风险溢价，拉低的溢价可进一步刺激产出增加，但同时也升高了通胀水平。我国债券风险溢价表现出逆周期性特征。

本书研究认为，在我国完善货币政策体系过程中，应减少政策的不确定性和政策波动，增加政策透明度，完善信息披露，以及做有限度、有条件的政策承诺。这些措施都有助于稳定债券市场价格，降低风险溢价水平和波动。同时本书发现，产出的稳定增长也是降低我国债券风险溢价的有效途径，通胀预期和通胀风险对溢价影响有限；而低风险溢价反过来又能加大产出，但同时也升高了通胀。因此，本书认为在对产出目标与通胀目标的两难抉择上，我国央行可以以产出增长为主要偏好，并实施稳健中性的货币政策，协调搭配宏观审慎政策。这样既能发挥货币政策的风险溢价传导渠道作用，增强利率渠道传导效果，同时也可保证我国在新常态经济下增长稳定、价格稳定、金融稳定。我国央行仍然要重视中期、长期利率的信息价值，充分利用无套利利率期限结构来增强政策利率规则的前瞻性和有效性。最后，我国应继续健全完善债券市场体系，创新利率风险管理和对冲工具，促进我国债券市场健康稳定的发展。

本书的创新点：

采用新的研究视角宏观—金融模型，解决了四个问题：

(1) 从宏观与金融结合的视角发现我国货币政策调控是国债市场稳定性的主要影响因素。研究为我国央行如何通过货币政策调控稳定债券市场提供了经验证据支持和政策建议。

(2) 货币政策操作规范对宏观经济和金融市场的影响国内鲜有研究。本书基于宏观—金融模型得出承诺规则制，能显著降低我国债券市场的风险 。

(3) 利率期限结构含有丰富的宏观经济和货币政策信息，但国内文献尚未发现如何利用信息来制定政策规则。本书基于无套利条件下收益曲线信息扩展和估计了政策利率规则 。

(4) 目前，我国尚未关注货币政策的风险溢价传导渠道作用效用，本书发现我国货币政策风险溢价传导渠道具有一定的作用，丰富了我国货币政策传导机制的文献，也为央行把握货币政策传导效果提供了有益的支持。

Abstract

In the context of the slowdown in China's economic growth and the deepening supply - side reforms, in order to adapt to the new normal, China's monetary policy framework needs to improve the target system, change the way of policy regulation, clear the policy transmission channels, and improve the implementation of policies. How to correctly understand and evaluate the impact of policy regulation on China's macro - economic and financial markets, how to formulate effective policy interest rate rules and further play the effect of interest rate regulation mode are hot issues to be solved urgently in China.

The term structure of treasury interest rate is the indicator of macroeconomic regulation and control, the reference frame of monetary policy implementation, and the benchmark of financial asset pricing and risk management. Monetary policy and interest rate term structure have an interaction effect. On the one hand, monetary policy is an important driving force for the term structure and risk premium of treasury bonds. Central Banks affect investors' expectations for future short - term interest rates and risk compensa - tion by controlling the short - term interest rates directly and affecting medium - long term interest rate indirectly. Meanwhile different ways of policy regulation will change the macroscopic equilibrium path, and then affect the term premium level, fluctuation and the regime system of the term structure. On the other hand, The term structure of interest rate will affect policy regulation and transmission effect in turn. Because the long – term interest rate is the expected future short – term interest rate after the risk adjustment, thus the entire yield curve contains public expectations of the future economy and the short interest rate. So the term structure of interest rate will provide a forward – looking decision reference for monetary policy. At the same time, as the interest rate channel is an important channel of monetary policy transmission, the expectation and risk premium in the bond price will affect the transmission effect of the interest rate channel.

Therefore, based on the dynamics of their relationship between term structure of interest rate and money policy, this paper studies the influence of the monetary policy regulation mode on the interest rate and risk premium in China, as well as the effect of the term structure of interest rate on the implementation of monetary policy and the effect of interest rate transmission. Specifically, we have studied the following four unclear questions.

Firstly, whether or not that the fluctuation and risk of monetary policy have significant influence on the regime characteristics of term structure of interest rate? It is a key point of central bank's concern that how to stabilize bond market price and reduce risk compensation through policies.

Secondly, in the context that money policy transitions from the passive discretion rules of the status quo to the active promise rules, the impact of policy transition on financial asset returns and risk level is the important evidence for seizing the optimal instant and the strength of money policy. For the bond market, whether the commitment rule system can significantly reduce the yield volatility and reduce the risk price of the bond market than the discretion system? The difference between bond yield and risk premium with the two operating rules is a very interesting problem.

Thirdly, under the new normal state of the economy, our country's intermediary targets and operational objectives require the transformation from the quantity – based to price – based, and the price – based rules based on interest rate regulation is required. So when building, identifying and estimating policy interest rate rules, how to make full use of the interest rate term structure with no – arbitrage conditions and rich information to improve the foresight, accuracy and implementation effect of policy formulation?

Lastly, the channel of interest rate transmission will play an increasingly important role in the mode of interest rate control. The risk premium is an important component of long – term interest rates, it would be very helpful to enhance the transmission effect of interest rates if we can clarify the risk premium transmission channel of monetary policy. Is the risk premium transmission channel of China's monetary policy unobstructed? How is the conduction effect? Relevant questions have not been studied in our academic circles, so this paper will discuss the theory and give the empirical study.

Macro – financial model integrates micro finance and macro economy into a framework by embedding macro – structure modules into the model of no – arbitrage interest rate term structure. Compared with the early VAR model, the macro financial model has both the optimal behavior constraint of the economic man and the no arbitrage condition of the bond market. This model has complex structure and rich economic implication. Which can be used to test and scale the price of risk produced by macroeconomic and monetary policy shocks, to investigate the meaning of monetary policy information in the term structure of interest rate, and to check the effect of interest rate transmission channel. With the help of building a great of advanced macro – financial models and using a variety of macroscopic methods, theoretical analysis and empirical test are carried out for the purpose of finding the reasonable answer to the problems mentioned above. We have the impotent result as below:

Firstly, we examine the stability of the term structure of china's treasury bonds and analyze the main cause of the break by embedding the new Keynes dynamic general equilibrium framework into an affine no – arbitrage term structure model. We found that investors are more sensitive to fluctuations in monetary policy and would claim the higher compensation for the risk of monetary policy fluctuation. That the stability of monetary policy and investors′ compensation claim of the uncertainty risk of monetary policy have some important positively influences on regime change of china's term structure of interest rate.

Secondly, with the optimal monetary policy condition on the minimum social welfare loss a macro – financial model based on dynamic stochastic general equilibrium structure (DSGE) is constructed. From angles of theoretical and empirical analysis, we research on operational specifications and policy credibility which come up with the discretionary approach rule and the promise rule respective effect on the optimal equilibrium output, inflation, term structure of interest rate and term premium. Under the promise rule, monetary policy credibility can be improved, volatility of long – term interest rate will be decreased and the spread will be narrowed more, meanwhile expectations hypothesis will come into being. The improvement of policy credibility reduces the demand for compensation of systemic inflation risks. The absolute size and time – varying volatility of the risk premium have been notably lower than it in situation of the discretion rules of the status quo.

Thirdly, the Taylor rule is extended based on the no arbitrage condition. We use the affine no – arbitrage macro – financial model to construct bench, backward, forward – looking and forward – backward mixed – type no – arbitrage Taylor rules that include the complete information of the yield curve. And we have compared the Taylor rule of single equation with the our expanded models. We found that under the no arbitrage Taylor rule, we can avoid excessive stimulus to economic output and improve the forward – looking and scientific nature of policy rules. To a certain extent there exists the objective law about monetary policy operation which characterized by the non – arbitrage hybrid Taylor rule.

Lastly, this paper explains the source and periodical characteristics of China's term premium, and check whether there has been the monetary policy risk premium transmission channel, meanwhile the influence of monetary policy, risk premium and macroeconomic interaction is analyzed. All these have been done by through a macro – financial affine non – arbitrage model which with a latent risk factor. We found that China's risk premium transmission channel of monetary policy has some certain effect. Loose monetary policy reduces the risk premium. The reductive premium further stimulates output growth, but at the same time inflation will get raised. China's risk premium is mainly influenced by the level of monetary policy and output consumption, however inflation expectations and inflation risk are not the dominant driving factors, meanwhile risk premium is countercyclical.

Thus in perfecting the monetary policy system we can give some advices, such as reducing policy uncertainty and policy volatility, increasing policy transparency, improving information disclosure system, and making a limited conditional commitment. If we do so, that it will help to stabilize bond market price and reduce risk premium level and fluctuation. Furthermore, this study finds that stable growth of output is also an effective way to reduce the risk premium of China's bonds, meanwhile inflation expectations and inflation risk have limited impact on premiums. So when in front of the final goal selection between the output and inflation, the Central Bank of China can take output growth as the primary preference, implement a steady and neutral monetary policy, and coordinate match macro – prudential policies. In such circumstances, not only risk premium transmission channel that can work for the monetary policy, and transmission effect of interest rate channel can be enhanced, but also it will help to stable growth, stable prices and stable financial market in our new normal economy. Of course, central bank should continue to pay attention to the information of medium and long – term interest rates, and enhance the foresight and effectiveness of policy rules using the term structure of interest rate without arbitrage. Lastly, the central bank can be going to improve the bond market system, innovate interest rate risk management and hedging tools, if so there will be of great significance for the healthy and stable development of China's bond market.

The innovation point of this article:

In this paper, a new macro financial model is used to solve four problems that remain unclear:

Firstly, from the perspective of macro and financial integration, it is found that China's monetary policy regulation is the main factor affecting the stability of the Treasury bond market. The study provides empirical evidence support and policy recommendations for China's central bank to stabilize the bond market through monetary policy.

Secondly, There are few studies on the impact of monetary policy operation rules on macroeconomic and financial markets. Based on the macro financial model, we conclude that the commitment rule system can significantly reduce the risk of China's bond market.

Thirdly, The term structure of interest rate is rich in macroeconomic and monetary policy information, but the domestic literature has not yet found how to make use of information to formulate policy rules. Based on the arbitrage free information, the paper extends and estimates the policy interest rate rules.

Forthly, At present, China has not paid attention to the effect of the risk premium transmission channel of monetary policy. This paper finds that the transmission channel of the monetary policy risk premium in China has a certain role. It has rich the literature of the monetary policy transmission mechanism in China, and also provides beneficial support for the central bank to grasp the effect of monetary policy transmission.

目　　录

第1章

绪　论

1.1 选题背景及意义

1.1.1 选题背景

在当前我国经济增速放缓，供给侧改革不断推进的背景下，如何完善货币政策目标体系，转变货币政策调控模式，畅通货币政策传导渠道，提高货币政策执行效果，更好地服务实体经济发展，是当前我国货币政策制定、实施以及评价中面临的重要问题。经济新常态下，完善我国货币政策体系不能完全照搬发达国家的经验，需要思考是否适合我国经济和金融市场环境，需要构建适合我国的计量模型来为政策制定和评估提供理论和实证支撑。

实践中国债利率期限结构、风险溢价与货币政策的操作目标、操作规则、操作规范、操作时机和力度等不同调控方式密切相关。同时，利率期限结构蕴含的丰富预期信息以及利率传导渠道对货币政策制定和执行效果具有影响。因此，利率期限结构、风险溢价与货币政策的长期关系是金融学和货币经济学重要的研究领域之一，也受到了各国央行的重视。

中国债券市场经过近 20 年的改革与发展，交易额和发行量逐年攀升。同时，利率市场化程度不断得到深化，利率管制机制在利率价格形成中的作用逐步消退，国债利率被一些研究者认为是我国基准利率，其对宏观经济增长与波动、金融资产价格与风险的作用日益显著，与货币政策的联系甚是紧密。而近几年宏观—金融模型和结构宏观计量的蓬勃发展又为研究提供了新的视角和方法。

因此，本书利用利率期限结构和货币政策的动态关联关系，研究货币政策调控方式对我国国债收益和风险溢价的影响，以及利率期限结构对货币政策调控的前瞻性、有效性，以及利率渠道传导效果的影响。本书主要研究了以下四个问题：

（1）货币政策调控如何影响利率期限结构的区制变动特征。

（2）货币政策操作规范的抉择是央行政策调控的关键问题。相机抉择和承诺规则制一直是货币主义学派与凯恩斯学派政策主张争论的焦点和货币政策研究关注的核心问题之一。经济新常态下，我国货币政策调控方式转换面临多元目标下的随经济增速变化的被动的相机抉择（含有部分规则操作）向单一目标的主动的承诺规则转型。两种操作规范下债券收益率和风险溢价动态的差异是一个非常值得关注的问题。事先承诺制是否有助于减少我国债券收益率波动、降低债券风险溢价，提高利率传导效率等疑问在我国学术界尚未有相关理论和实证研究结论。厘清货币政策操作规范与债券价格及风险溢价的关系有助于我们把握调控的时机和掌握调控力度，从而稳定金融市场风险，畅通利率传导渠道。

（3）经济发展新常态下我国有从数量型调控向价格型调控方式过渡的需求，即货币政策目标从货币供应量、存款准备金、合意贷款规模、社会融资总规模等数量型为主向利率价格型为主转型。那么如何利用无套利条件下利率期限结构蕴涵的丰富信息提高政策规则的前瞻指引性，如何能更加准确地识别和估计规则，提高政策实施效果是当前调控转型需要重点研究的问题之一。

（4）经济新常态下，伴随着我国利率市场化、人民币国际化、汇率自由化、宏观审慎监管与货币政策调控的协调搭配、货币政策工具的创新、微观主体行为偏好的变化等一系列变革，货币政策传导途径将更加多样化，同时也更加复杂，传导效果更难把握。在利率调节为主的调控模式下，利率传导渠道将显得尤为重要。国内外多数学者认为债券中、长期利率偏离预期假说，存在时变风险溢价。利率期限结构中的预期渠道和风险溢价渠道对我国货币政策传导效果的影响应引起重视。实践经验表明货币政策规则通过风险溢价渠道对金融资产负债状况、金融风险和宏观经济发挥着重要作用，如美联储的量化宽松政策就是通过货币政策（非常规）降低风险溢价，对长期利率施加了向下的压力，缓和了金融状况。那么，当前我国货币政策的风险溢价传导渠道是否顺畅，风险溢价渠道对我国宏观经济增长和波动的作用效果如何，货币政策及政策冲击如何影响投资者对未来风险的补偿要求，以及风险溢价具有顺周期性还是逆周期性等诸多问题都需要我们进行深入的理论和实证探讨。

本书是基于以下理论背景对上述四个问题展开理论推导与实证分析。

利率期限结构由不同连续到期日的债券贴现收益率所组成，收益曲线短端由央行直接调控，中、长端受无风险短期利率驱动，体现了投资者对未来短期利率、宏观经济的预期以及对持有期产出、消费、通胀等不确定性风险索求的补偿。国债由于信用等级高，基本不存在违约风险和流动性风险，它的风险主要来源于未来的不确定性，因此债券风险溢价也称为期限溢价。风险溢价不仅有助于判断长期利率的走势，更能解读投资者对利率风险的期望、偏好，反映了市场主体对未来风险的度量，应代表当期市场对未来风险的无偏估计。

货币政策与利率期限结构具有交互影响关系。货币政策是国债利率期限结构和风险溢价的重要驱动因素。一方面因为央行直接调控短期利率，会影响公众对未来短期利率的预测和风险补偿要求。另一方面货币政策调控影响宏观产出、消费、通胀、金融市场风险水平等变量的均衡路径，而实证研究表明宏观变量和金融风险同时也是利率期限结构、风险溢价的生成因子。货币政策数量型和价格型操作目标的选择、相机抉择和事先承诺制操作规范的抉择等不同调控方式会改变宏观均衡状态，进而影响期限结构的形态和风险溢价水平与波动。同时，被改变的风险溢价又会反馈影响货币政策效果、宏观经济态势。

利率期限结构蕴含的大量信息能够在央行制定和实施政策时提供前瞻性的决策参考。由于长期利率是风险溢价调整后未来短期利率的期望值，所以整条收益曲线受央行货币政策规则的影响。因而，利用利率期限结构完整信息可以更好地理解货币政策规则和货币政策冲击。新凯恩斯宏观结构通常也包括货币政策规则，但由于缺乏高质有效的信息源，因而影响货币政策估计和政策效果评价的准确性。而基于无套利条件的利率期限结构作为宏观经济走势的重要参照系，不但包含公众对利率变动的预测，也包含对未来经济增长、周期趋势以及价格水平的预期。因此，研究探讨无套利条件下的利率规则可以为政策实践提供相应的计量模型，预测宏观经济走势，制定前瞻性货币政策，提高政策执行效果。

利率期限结构的动态会影响货币政策的传导和对实体经济的作用效果。现实经济中真正对经济运行特别是投资和耐用品消费起到关键作用的是中、长期利率。中央银行对短期利率的调控传递到中、长期利率，因此利率渠道是货币政策的一条重要传递渠道，预期和风险溢价对宏观经济的刺激作用会影响货币政策的传导执行效果。金融危机时美、日推行的量化宽松政策其本质就是通过实施大规模资产购买的非常规货币政策，压低长期债券风险溢价，从而拉动需求复苏经济。虽然实践具有成效，但关于货币政策的风险溢价传导渠道尚未形成统一、成熟的理论，缺乏相关理论支持，我国学者也鲜有研究。

传统微观金融学以利率预测和固定收益类金融资产定价为研究目的，以无套利条件为前提，建立的利率随机模型基本上不考虑利率与宏观经济、货币政策的关系。而宏观经济学与宏观金融学依据预期假说理论认为短期利率是由央行调控，长期利率为未来短期利率的预期，基本上不考虑风险溢价的作用，多数用 VAR 模型度量利率与宏观经济、货币政策的关系，因此对利率期限结构的刻画不够准确。同时，微观与宏观视角的不同导致研究结论不统一，不能很好地解释实践以及为政策操作提供依据与支持。

近几年发展起来的宏观—金融模型把微观金融模块与宏观经济模块融合在一个统一的框架内，为研究利率期限结构、风险溢价与货币政策的交互关系提供了新的视角和方法。通过把宏观变量和货币政策规则设为利率因子的驱动因素，把宏观结构模块（一般是包含总需求、总供给和货币政策方程的新凯恩斯宏观结构或者是动态随机一般均衡模型）与无套利利率期限结构模型结合起来。宏观结构可以看作是利率因子的约束条件，随机折现因子既可以从随机金融模型中导出，也可以基于居民效用最大化条件从一般均衡模型中推导出。宏观—金融模型同时具有经济人的最优化行为约束和债券市场的无套利条件约束。模型具有复杂的结构和丰富的经济内含，可以更好地度量宏观经济、货币政策冲击对收益和风险的影响，以及检验利率传导渠道的作用效果等。

因此，基于上述理论背景和经济新常态下我国具有完善货币政策体系的需求，本文将利用宏观—金融模型和结构宏观计量方法研究我国货币政策调控对利率期限结构区制变动的影响；货币政策操作规范对我国国债市场收益率和风险溢价的动态影响；如何利用我国国债利率期限结构去制定、识别和估计利率规则；我国货币政策的风险溢价渠道传导效果，以期为我国货币政策实践提供理论基础和有益的实证经验。

1.1.2 选题意义

为了构建适应经济发展新常态的货币政策体系，需要完善我国货币政策操作目标，转变货币政策调控方式，畅通货币政策传导渠道和提高货币政策执行效果。国债利率期限结构是一国宏观经济调控的指示器、货币政策实施的参照系、金融资产定价与风险管理的基准，对我国货币政策框架转型与实施具有重要作用。央行对不同最终目标的偏好，数量型与价格型操作目标的选择，多种政策工具的应用以及多元目标下的相机抉择向事先承诺调控规范的转变等，不同政策调控对利率期限结构的形态转变、风险溢价的波动具有显著影响。同时，利率渠道也是货币政策不可忽视的一条传导渠道，中长期利率蕴含的宏观经济走势和未来短期利率预期以及风险补偿要求、风险偏好等变量对货币政策利率规则的制定、估计，对货币政策刺激经济发展的效果具有重要影响。因此，本书研究主要有以下四方面意义：

（1）利用新凯恩斯结构的宏观—金融模型考察国债市场利率期限结

构非线性特征，实证估计2005年一系列货币政策改革和金融市场改革对我国利率期限结构变化的影响。相关研究结论关系如何制定和实施调控政策以稳定债券价格、减少金融市场波动，所以研究具有理论价值和现实意义。

（2）基于动态随机一般均衡结构（DSGE）的宏观金融模型研究两种货币政策调控方式对我国国债利率期限结构、风险溢价的影响。为我国货币政策操作规范的转型，调控力度与方式的把握提供实证经验，同时研究也为我国利率期限结构、风险溢价生成机制提供了深层次的理论基础和经验解释。当前，我国相机抉择的货币政策执行难度不断加大，经济的减速换挡要求操作规范由被动相机抉择向主动的价格型规则调控转型。但在我国当前经济金融环境下，仍然尚不清晰两种政策操作规范对我国债券市场的影响机理。因此，研究对推进调控方式转型、预测转型影响和效果、把握调控力度具有一定的理论和实践参考意义。

（3）泰勒规则是各国央行普遍采用的一种政策利率规则，但传统的泰勒规则只关注短期利率对经济变化的反应，缺乏高质有效的预期信息，忽视长期利率的变化会偏离预期假说，这将可能导致利率规则对产出和通胀变化反应不足或反应过度，影响货币政策识别准确性和实施效果。本书利用无套利条件下利率期限结构丰富的信息拓展了基准型、前瞻型、后顾型、混合型泰勒规则，有助于政策规则的准确识别和估计，增强政策规则的前瞻指导性，为政策操作目标和操作规则从数量型向价格型转型提供了丰富的计量模型和实证经验。由于货币政策对实体经济的作用具有较长的时滞性，而利率期限结构蕴涵的未来短期利率、价格水平和产出增长的预期信息有助于央行制定前瞻性的方针政策，提高政策制定的科学性和调控效果。

（4）利用含有风险因子的宏观—金融模型检验当前我国货币政策的风险溢价传导渠道是否通畅，风险溢价渠道对实体经济影响的方向和强度。解释我国风险溢价更深层次的来源、风险溢价与宏观经济的周期关系。同时，还研究了货币政策、宏观经济、风险溢价的相互关联。学术界关于货币政策对风险溢价的影响，以及货币政策的风险溢价渠道机制研究成果较少且尚未形成一致结论。如果风险溢价渠道（而不是未来短期利率预期）是影响长期利率波动的主要因素，对宏观经济增长和波动有显著影响，那么能有效改变债券风险溢价的货币政策将会更有意义。

因此，本书将金融学者对利率期限结构的微观视角与宏观经济学对期限结构、货币政策调控的宏观视角结合起来，通过构建国际前沿的宏观—金融模型和采用先进的宏观结构估计方法，检验与分析我国利率期限结构与货币政策的交互影响机制。研究既可以充实我国利率期限结构理论的内容，又能够推动利率期限结构在我国货币政策体系完善中的应用，因而研究具有丰富的理论价值和现实意义。

1.2　研究内容及结构框架

1.2.1　研究内容

本书共分为 7 章，具体内容安排如下：

第 1 章，绪论。首先，本章从完善我国货币政策体系的现实需求，以及货币政策与利率期限结构具有紧密关联这两方面出发，提出了本书主要研究的四个问题，阐述了选题的背景和研究可行性，并详细论述了选题的意义。其次，通过对已有研究的学习总结提出本书的研究方法和研究逻辑路线。最后，概况了主要贡献和研究不足。

第 2 章，基础理论与文献综述。本章对不同类型宏观金融利率期限结构模型，风险溢价的定义、生成因素及求解方法，泰勒规则的含义及研究中存在的问题，货币政策传导机制，货币政策与期限结构、风险溢价的关联等主题进行了理论综述，夯实研究基础；并仔细梳理了国内外研究进展，以期把握研究动态，掌握最新研究方法。

第 3 章，货币政策对利率期限结构区制变动的影响。本章通过把新凯恩斯动态一般均衡框架嵌入仿射无套利期限结构模型中，解释了 2005 年货币政策与金融市场的一系列改革措施对中国国债利率期限结构区制变化的影响。模型采用极大似然法估计，由于似然函数形式复杂，曲面极值点不唯一，且模型参数多达 23 个，为了避免陷入局部最优和初值选择带来的繁重工作量，本书采用最优化计算中的自适应遗传算法对似然函数求极值，使用 MATLAB 7.0 构建模型和估计参数。

第 4 章，最优货币政策的操作规范对国债收益及其风险的影响。本章实证研究了最优货币政策下，相机抉择制和承诺规则制两种不同操作规范和政策可信度对我国债券收益动态、风险溢价波动的影响机制。通过构建动态随机一般均衡模型（DSGE），推导出基于动态随机一般均衡结构的利率因子和基于居民效用最大化的随机折现因子，内生化了风险溢价，并从理论和实证上分别对比探讨了两种不同操作规范对债券收益率和溢价的影响差异。

第 5 章，基于无套利条件的政策利率规则扩展与估计。本章利用仿射无套利宏观—金融模型，构建出了包含收益率曲线完整信息的基准、后顾、前瞻、前瞻后顾混合型四种无套利泰勒规则，对传统泰勒规则进行了扩展研究。采用马尔科夫链蒙特卡罗（MCMC）方法估计期限结构模型，得出每一种无套利泰勒规则的反应系数和政策冲击，并与传统的单方程泰勒规则反应系数进行了对比研究，实证得出两种视角下泰勒规则识别和估计的差异，模型使用 Gauss 软件编程估计参数。

第 6 章，我国货币政策的风险溢价渠道传导效果研究。本章通过设置一个外生的不可观测的风险因子，构建宏观—金融仿射无套利模型，估计我国风险溢价的周期性特征，检验我国是否具有货币政策风险溢价传导渠道以及通过脉冲响应分析了货币政策、风险溢价、宏观经济的交互影响。模型利用 MATLAB 7.0 先采用极大似然法估计参数，然后通过卡尔曼滤波平滑算法得到无法观测的风险因子和通胀目标序列。

第 7 章，总结与启示。总结全书研究内容和研究结论，并对货币政策体系的完善和债券市场的发展提出了政策建议。

1.2.2 结构框架

本书展开了两个层面的研究：首先是货币政策调控方式对我国利率期限结构的影响；其次是利率期限结构反过来对货币政策调控及传导效果的影响。全书结构框架如图 1.1 所示。

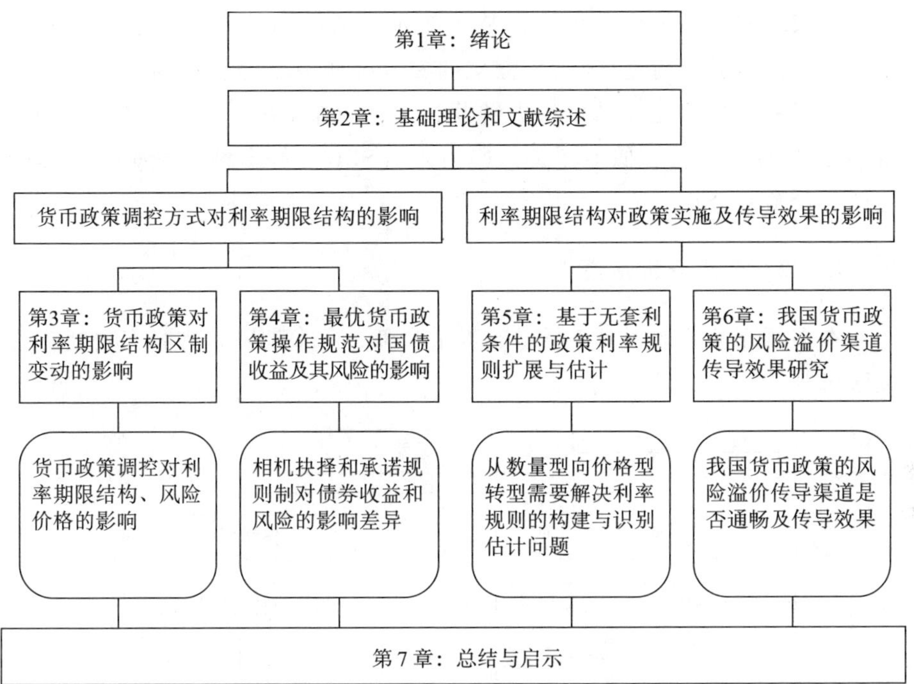

图 1.1　结构框架图

1.3　研究方法与技术路线

1.3.1　研究方法

针对研究内容，本书主要采用了以下研究方法：

第一，对比分析和总结。本书对利率期限结构及货币政策的理论基础与相关文献进行了对比和总结，为进一步的分析奠定研究基础。

第二，理论分析和实证检验相结合。本书对无套利泰勒规则的构建，相机抉择与承诺规则对收益率、风险溢价的影响机制，货币政策风险溢价传导渠道等问题进行了详细的模型推导和理论分析。实证上采用了国际前沿的无套利宏观—金融建模技术，结合具体问题分别构造了无宏观结构约束的宏观金融内基模型、基于新凯恩斯结构的宏观金融模型和基于动态随机一般均衡（DSGE）框架的宏观金融模型等多种利率模型。同时采用了极大似然法、马尔科夫链蒙特卡洛（MCMC）法、卡尔曼滤波、Chow结构变点检验、似不相关回归技术（SUR）等多种方法对模型进行估计、检验和分析。

1.3.2 逻辑分析路线

本书研究基于如图1.2所示的货币政策、利率期限结构和宏观经济的关联机制。

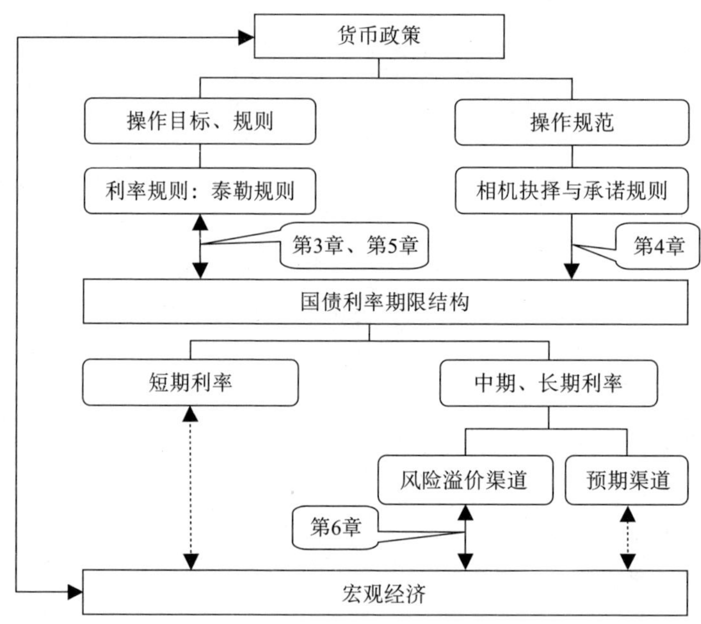

图1.2 逻辑分析路线图

1.4　创新点与局限性

1.4.1　创新点

本书的创新点：

采用新的研究视角：宏观—金融模型。

解决了我国货币政策调控与利率期限结构、风险溢价动态关联中四个问题。

（1）从宏观与金融结合的视角发现我国货币政策调控是国债市场稳定性的主要影响因素。

本书检验发现我国利率期限结构于 2005 年 11 月发生了区制变动，得出我国货币政策稳定性，以及投资者对货币政策不确定性风险的补偿要求是我国债券市场波动的显著影响因素这个重要结论。研究为我国央行如何通过货币政策调控稳定债券市场提供了经验证据支持和政策建议。

（2）基于宏观—金融模型得出承诺规则制能显著降低对我国债券市场风险。

货币政策操作规范对宏观经济和金融市场的影响国内鲜有研究。本书对比发现相比相机抉择制，承诺规则制能使我国宏观经济环境更加稳定，能显著降低我国债券风险溢价的绝对值和时变波动率。研究为我国货币政策调控从被动的相机抉择向主动的承诺规则过渡提供了有力的理论和经验支撑。

（3）基于无套利条件下收益曲线信息扩展和估计了政策利率规则。

利率期限结构含有丰富的宏观经济和货币政策信息，但如何利用信息来制定政策规则，国内尚未展开研究。本书基于无套利条件，利用我国债券收益率曲线的信息扩展和估计了四种形式的泰勒规则。实证对比发现：无套利泰勒规则比传统单方程规则更加具有前瞻性和准确性。研究为我国构建以利率调节为主的价格型规则提供了丰富的计量模型和实证经验。

（4）基于宏观金融模型发现我国货币政策风险溢价传导渠道具有一定的作用。

目前，我国尚未展开关于货币政策的风险溢价传导渠道作用效用的研究，本书通过宏观—金融模型揭示出我国货币政策具有风险溢价传导渠道，作用效果明显。研究丰富了我国货币政策传导机制的文献，也为央行把握货币政策传导效果提供了有益的支持。

1.4.2 研究局限性

货币政策与利率期限结构的关联性在理论上有着丰富的内涵。本书主要基于宏观金融模型展开了两个层面的研究：首先是货币政策调控方式对我国利率期限结构的影响；其次是利率期限结构反过来对货币政策调控及传导效果的影响。尽管本书力求研究得更具系统性、全面性和严谨性，但是由于水平有限，本书研究仍然存在局限性和不足之处，主要表现为：

（1）本书的样本数据来自我国国债市场。由于我国债券市场的广度和深度有限，信息披露制度不够健全，信息透明度不高，债券市场在功能上仍然不够完善，我国利率市场化改革也尚未完成。因此，国债收益率数据可能并不能完全反映市场价格，存在某种程度的扭曲。同时，我国国债市场发展较晚，样本数据量较少。国债利率数据在质量和样本量上存在的问题，一定程度上增加了研究和实践经验解释上的难度，样本数据就有可能对实证结果的普遍性产生影响。

（2）本书研究是基于宏观—金融无套利利率期限结构模型。模型参数多、结构复杂，所以求解和估计难度很大。为了分析问题简便起见，本书在一定程度上简化了经济指标、经济部门、宏观经济结构。如本书没有考虑与利率期限结构联系紧密的汇率指标，没有考虑金融摩擦、金融中介对政策传导，风险溢价等的影响。主要是因为增加经济部门、金融摩擦会增加更多变量和方程，进一步加大了宏观—金融模型的复杂度和估计难度。

随着不断地学习模型估计技巧、积累实证经验，在今后的研究中可以增加模型指标，引入金融中介和金融摩擦，构建更加贴合现实，更加复杂的经济结构模块，从而可以更进一步地研究利率期限结构、风险溢价与货币政策的关联。

第2章

基础理论与文献综述

2.1 利率期限结构的理论与文献综述

2.1.1 利率期限结构研究概况

利率期限结构本质上是指一组利率与其相应的到期期限之间的结构关系，这一关系又经常用某时点零息债券的到期收益率曲线表示。利率期限结构、货币政策与宏观经济具有交互影响。一方面，不同到期期限的债券收益曲线信息丰富，蕴含着市场参与者对未来利率、经济走势的心理预期。如 Ang、Piazessi 和 Wei（2006）表明收益利差既能够预测未来的短期利率，又能够预测未来经济和通货膨胀变动趋势。另一方面，宏观经济政策能影响利率期限结构变动，而期限结构又影响政策实施效果，两者作用关系密切。因此，利率期限结构成为债务管理、金融系统风险监控和货币政策制定实施的重要依据，也一直是学者研究的热门课题。

利率期限结构的研究已有较长历史。具有较大影响的早期模型主要有预期假设理论模型、流动性偏好理论模型及市场分割理论模型。由于它们相关假设较强、缺少严格的定量化标准，在实证中缺乏必要支持，较难满足研究和政策制定者的实际需要。因此，以随机分析框架为基础、以定量化和动态化为着眼点的现代利率期限结构模型相应产生，一般认为这些现代模型包括基于均衡框架的一般均衡模型和基于套利理论的无套利模型。和动态模型同期发展起来的还有一类所谓的静态期限结构模型，这类模型对曲线方程的设定较为简单，而且模型要通过使用债券的某些具体时间点的横截面数据进行参数估计。样条函数模型和 Nelson - Siegel 模型以及相关扩展模型都属于此类。本书主要关注动态模型。

一般均衡模型从模拟刻画消费过程开始，对代表性消费者的消费函数、消费偏好、对未来经济形势的理性预期以及对厂商生产过程进行假设，从而建立基于消费的期望效用最大化和基于厂商生产的期望利润最大化的竞争性均衡模型，再由模型推导出相应的利率期限结构和对应的市场风险。其主要特征是：一方面，市场的一般均衡排除了套利机会，因而此类模型奠定了无套利模型的基础；另一方面，社会经济变量为自变量，利率水平为因变量，从而内生化市场风险价格与利率期限结构。

早期一般均衡模型主要包括两类，即单因素均衡模型和多因素均衡模型。单因素如经典的 Merton 模型、Vasicek 模型、CIR 模型；多因素如 Brennan - Schwartz 模型、Longstaff - Schwartz 模型。这种均衡模型的构建与求解以经济均衡为条件，因而具有良好的微观基础。但内生化的期限结构及其参数都由历史数据估计得到，这些仅仅反映出随机过程的过去信息，结果会与经济社会中实时的真实期限结构存在较大差别，不能满足定价理论的严格要求。

无套利模型本质在于资产组合价值的复制，债券的价格间接依赖于利率，利率波动导致债券价格变化，再结合市场上的价格信息来推导出利率满足的随机微分方程。无套利思想根本上认为，社会经济市场处于均衡状态时不会存在套利机会。如果一旦市场非均衡，资产真实价格偏离供求关系所确定的价值，就会出现套利机会，市场上的参与者则立即展开逐利行为，获得无风险收益，整个市场的逐利行为使市场恢复均衡，套利机会转瞬消失。

尽管无套利模型也使用因子进行分析，但这不同于一般均衡模型。一般均衡模型中，参数假定与时间无关，因而用历史数据进行参数估计具有合理性。而无套利模型在套利理论假定下，利率水平为自变量，相关金融资产的价格为因变量，因而这类模型能够满足定价需求。早期较为著名的无套利模型如 Ho - Lee（1986）模型，它是以二叉树结构为基础构建的，模型推导出了风险中性条件下的折现债券价格；Heath 等（1992）的 HJM 模型，它以真实概率测度为基础对远期利率建模，构建出风险中性测度下的扩散和漂移项，确保了无套利条件成立。

以这些理论为基础，近几年来利率期限结构的相关研究又取得了可喜的发展。单一区制向多区制模型发展，如基于马尔科夫的 VAR、SVAR；潜因子模型向宏观因子与微观金融联合的扩展，如简约式宏观—金融模型、因子具有新凯恩斯结构的结构式宏观—金融模型，以及由最大化消费者效用而导出的结构宏观—金融模型和嵌入动态随机一般均衡框架（DSGE）的宏观—金融模型，这些为期限结构理论的发展注入了新的动力。

2.1.2　宏观—金融模型的理论基础

货币政策可以影响利率期限结构的变动，同时利率期限结构又蕴含了丰富的宏观经济预期信息，影响货币政策传导与执行效果，进而影响整个社会经济运行。从宏观视角看，利率尤其是短期利率是中央银行主要的政策操作目标，其大小由中央银行外生给定；而长期利率被当作未来短期利率的预期，中央银行通过确定短期利率进而影响长期利率来达到影响经济的目的。从微观金融视角看，短期利率具有内生性，它由多个风险因子驱动，短期利率是长期利率的基准；经风险调整后未来短期利率预期的平均值才是长期利率，长期利率的变化在一定程度上能够反映风险溢价的变动。因此，宏观和微观金融的不同视角得出的结论并不一致。

这样一方面，按预期理论，长期利率分解为未来短期利率的期望与风险溢价两部分，而利率期限结构的变动主要由短期利率驱动；另一方面，短期利率作为政策利率，是重要的货币政策操作目标，它的变动必然以宏观经济运行态势为前提。所以将货币政策、宏观经济代理变量与利率期限结构纳入一个统一框架中，从宏观和金融联合的视角考察利率期限结构，不仅能够加深对它的微观基础的理解，而且能揭示出更有价值的宏观经济信息。

在这一思路下，能够联合刻画宏观经济与利率期限结构动态行为的宏观—金融模型悄然产生，并得到迅速发展。宏观—金融模型将一些影响收益曲线的宏观经济变量作为驱动债券收益变动的因子，考察这些因子对收益曲线形状变化的影响，或者从收益曲线中提取有意义的经济信息。泰勒规则和新凯恩斯宏观理论是触发产生宏观金融模型的基础。标准泰勒规则中利率是通货膨胀缺口和产出缺口的线性函数，而仿射期限结构模型中的利率是状态因子的线性函数，这样将泰勒规则所含的宏观变量当作驱动利率期限结构变动的因子，就能得到一般的宏观金融模型。Ang 和 Piazzesi（2003）正是基于这种角度，第一次对只有潜在因子的期限结构模型进行了扩展，把宏观经济变量嵌入到了利率期限结构中，成为宏观—金融利率期限结构模型研究的创新之作。

根据对宏观经济变量变化行为刻画的不同，如图 2.1 所示，可将宏观金融模型分成简约式和结构式宏观金融模型。当然基于债券价格方程是否是状态因子的仿射函数可以把模型分为仿射宏观金融模型和非仿射的宏观金融模型。结构宏观金融模型本质上就是以新凯恩斯宏观经济模型代替简约模型中的宏观经济变量 VAR 变动方式，这样就先从构建宏观经济模块开始。此类模型大致可分为：第一，基于 DSGE 框架的宏观金融模型，既不仅使因子结构化又使定价核结构化；第二，非 DSGE 的宏观金融模型，即仅使因子或定价核其中一种结构化。

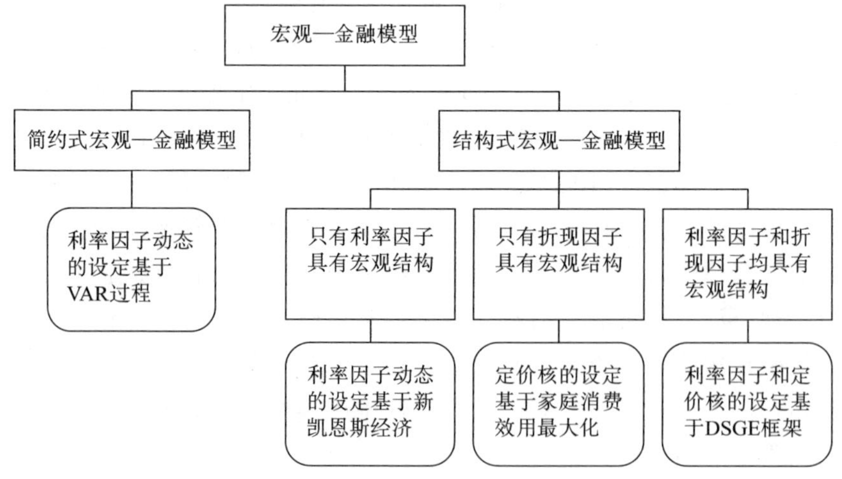

图 2.1　宏观—金融模型的分类

由宏观金融模型的产生背景及模型结构可以发现应用此模型的意义在于，一方面，可以研究宏观变量影响利率期限结构的机制，同时借助宏观变量信息增强收益曲线对债券市场的预测能力；另一方面，考察利率期限结构的货币政策含义，指导政策的制定实施，借助微观的期限结构信息改善对宏观模型的识别、提高参数估计准确性。

如 Dewachter 和 Iania（2009）发现，宏观经济变量对长、短期利率都有显著影响，而流动性因子和风险溢价因子等金融变量也显著影响短期利率。Diebold 和 Li（2006）研究认为货币政策能够通过多种渠道影响利率期限结构变动，水平因子与通胀率有较高的线性关系，而斜率因子与经济增长有较高的线性关系。Rudebusch 和 Wu（2008）得出利率期限结构蕴含了未来短期利率、通货膨胀和产出预期的重要信息，潜因子为货币政策的设定提供了丰富的前瞻性。Marcello Pericoli（2012）用宏观金融模型研究了美国和欧洲的普通债券和通胀保护指数债券，获得了通胀预期成分。Christensen 等（2010）对美国的名义利率和真实利率同时建立了宏观金融模型，研究认为通胀风险溢价具有时变性，美国的通胀预期长期来看较稳定。

利用无套利宏观金融模型，可以容易且准确地为潜在因子动态找到宏观经济和货币政策来源。一些研究表明，水平因子与参与者感知的央行中期通胀目标密切相关，而斜率因子与央行调控短期利率而触发的通胀和产出缺口的周期性波动密切相关；通货膨胀目标变动的冲击是水平因子变动的主要原因，而货币政策冲击则是斜率和曲度因子变动的主要驱动因素。Michael A. S.（2010）以此种模型为基础对比研究了美英两国的收益曲线，发现通货膨胀因子是促使期限结构变化的主要动因，也是通胀预期的决定因素。Rudebusch 和 Wu（2008）以通货膨胀率和总产出为宏观因子构建了宏观金融模型，研究认为宏观因子与不可观测的潜在因子高度相关。

从经济理论上来说，提高利率对通胀预期的影响具有不确定性。如果政策的透明度高，货币紧缩可能被市场参与者认为央行具有较低通胀目标，因而长期利率将下降，水平因子进而相应降低。相反在政策信息隐藏环境中，紧缩政策可能被误认为是央行担心经济的通货膨胀压力，由此加剧公众的通胀预期，推高利率水平。Diebold、Rudebusch 和 Aruoba（2006）通过对美国数据应用宏观金融模型，表明提高的利率对加剧通胀预期的作用更大。

可见宏观金融模型的应用能够为考察社会经济、金融问题，检验货币政策的实施效果，获取市场参与者的经济预期，研判产出缺口与通胀的变动方向和大小，进而为制定前瞻性货币政策、优化债务管理提供支持。

国内如吴吉林等（2010）借助宏观金融模型主要考察了我国宏观经济变量、不可观测的潜在因子与期限结构的影响机制，认为收益曲线与宏观经济变量具有显著的双向影响。郭涛等（2008）借此方法研究了货币政策的相关变量对期限结构的影响，同时通过考察水平因子、斜率因子与通货膨胀的关系，认为水平因子能够看作预期通胀指标。孙皓和石柱鲜（2011）构建了宏观金融模型，着重研究了宏观变量对同业拆借市场中利率曲线及风险溢价的影响，发现在宏观因素影响下拆借利率具有阶段性变化的风险溢价，应该指出的是此模型中不含潜在因子。袁靖等（2012）宏观金融模型中以通货膨胀率和产出缺口作为宏观因子，货币政策状态变量由新凯恩斯 Phillips 曲线刻画，结果认为我国货币政策和产出增长是期限结构变动的主要驱动因素。

2.1.3 因子具有宏观结构的宏观—金融模型

2.1.3.1 模型基本理论

简约式宏观金融模型是单因子或多因子无套利模型的扩充，既在原状态因子中直接增加宏观经济变量，宏观经济变量的变化仍然以 VAR 方程刻画。因而这种方程中可观测的宏观因子只具有数量统计意义而没有经济学意义。如在 Ang 和 Piazzesi（2003）中最初的宏观金融模型含有三个不可观测的潜在因子，分别对应于收益曲线的水平因子、斜率因子和曲率因子，以及由主成分法得到的经济增长因子和通胀因子两个宏观因子，所有因子只满足 VAR 过程。研究结果认为宏观因子显著影响短期利率，而潜在因子显著影响中长期利率。Bernanke、Reinhart 和 Sack（2004）中，引入了总产出增长率、通货膨胀率，以及市场参与者对通货膨胀率和产出增长率的预期作为宏观经济变量，以考察模型对收益数据的刻画和预测能力。还有 Kozicki、Tinsley（2002）和 Tao Wu（2001）等，前者引入了不同的货币政策规则，结果认为风险溢价是政策规则参数的函数。后者认为来自 VAR 模型和泰勒规则的货币政策冲击与潜在斜率因子有较强的相关性，收益曲线斜率与经济增长相关，隐含着此模型可以用于检验货币政策实施效果。

Dewachter 和 Iania（2009）在简约宏观模型中加入了具有微观金融含义的风险溢价因子和流动性因子，构建了期限结构模型。研究表明，含有明确金融市场元素的模型对数据的拟合效果变好，货币政策变量对潜在因子影响显著，风险溢价变动显著影响斜率因子。但宏观因子只能对短期利率产生有限影响，而金融市场的状态却能对收益率曲线产生显著影响。

简约式宏观金融模型相对于只含有潜在因子的模型具有进步意义，改变了期限结构模型驱动因素只有利率本身的假定，从而在模型中内嵌了宏观因素对期限结构的影响，联合微观与宏观视角能深度了解利率期限结构变动机制。但简约式模型有一个显著不足，就是宏观变量多采用一阶 VAR 过程刻画，这样宏观经济变量和潜在因子变量的变化只具有统计意义，没有明确的经济含义和理论依据。所以其仍然难以满足债券市场实践分析的要求，难以准确地从市场活动中获得可靠的关键变量，如通胀变量的预期。

为克服宏观变量设置上的随意性，部分学者开始借助新凯恩斯宏观经济模型来描述宏观经济，由泰勒规则及其扩展形式、菲利普斯曲线、企业生产及其利润最大化等不同条件推导宏观因子的动态过程，再与微观的利率期限结构结合。这种情形下产生的因子具有宏观结构的宏观金融模型。

2.1.3.2　经典文献

具有代表性的文献是 Hordahl 等（2006），这里用 HTV 表示。HTV 模型首先设定关于产出、通货膨胀、短期名义利率的新凯恩斯结构方程，新凯恩斯跨期 IS 曲线，通过产出滞后项刻画产出和通胀的关系模式及程度；新凯恩斯菲利普斯 PL 曲线描述的价格可由通胀滞后和前瞻项进行设定，泰勒规则作为货币当局短期利率反映函数。从某个角度来说，IS 曲线和 PL 曲线可以由宏观经济的 DSGE 模型中居民部门的效用最大化和企业部门的利润最大化这些条件导出，所以具有一定宏观经济结构。HTV 模型中仍然用简单仿射结构刻画折现因子，这与基于 DSGE 框架的资产定价模型不同。

尽管 HTV 模型并非完全结构的，但其设定保证了它具有仿射形式的易处理性，其允许风险溢价具有时变性从而提高了对数据拟合能力。这种模型和简约式相比，最主要优点是结构上较为简单，允许预期影响宏观经济的动态变动，风险溢价又能随经济发展而改变。然而同许多基于 VAR 的仿射期限结构模型类似，HTV 模型并不允许风险溢价对宏观经济变量具有反馈作用，此类模型中 IS 曲线刻画的经济行为仅仅依赖于短期真实利率的预期而非风险溢价，因此模型中风险溢价变动缺乏实质的宏观经济含义。

HTV 模型研究了德国经济，以简单的理性预期模型刻画宏观经济行为，通胀和产出缺口作为解释变量，债券到期收益和风险价格在无套利条件下设为状态变量的仿射函数。基于含有前瞻型和后顾型元素的泰勒规则的货币政策，文中给出了利用无套利定价条件推导债券价格的方法，这是对前述结构宏观金融模型的一次扩展。不过模型中市场风险价格的限制改变了宏观变量和市场风险价格间的实际作用关系。类似的模型的还有 GAllmeyer、Holifield 和 Zin（2005）；Rudebusch、Sack 和 Swanson（2007）等。

Rudebush 和 Wu（2008）的模型简记为 RW 模型，它是允许收益对宏观经济变量具有反向作用的新凯恩斯结构宏观金融模型。RW 模型中包括不可观测因子，水平因子与中央银行的长期通胀目标相对应，斜率因子与货币政策的周期性趋势相对应，这样 RW 中潜在因子能影响宏观经济。但此 RW 模型未能把长期利率对经济的影响分解为预期和风险溢价两部分，这对考察风险溢价影响宏观经济来说意义不大。

Bekaert、Cho 和 Moreno（2010）构建了真正意义上的新凯恩斯结构宏观金融模型，但与 HTV 和 RW 不同的是其随机折现因子由消费效用函数推导。类似于基于 DSGE 的期限结构模型，此模型中增加了在一般仿射模型中，由于折现因子被假定为因子的仿射函数而忽略掉的宏观经济和随机折现因子间截面方程限制。

可见相对于因子只遵循 VAR 过程的简约式宏观金融模型，以上结构宏观金融模型把驱动因子的方法已转变为使用新凯恩斯模型刻画因子的动态性上，使之具有明确的经济含义。但是，大多数结构宏观金融模型中，其定价核的设置却较为随意，多采用 gauss 仿射式的形式。这是 DSGE 结构宏观模型出现之前结构宏观金融模型的不尽完美之处。

2.1.4　折现因子具有结构的宏观—金融模型

2.1.4.1　模型基本理论

另一种结构宏观金融模型是基于消费函数推导的，其研究方法是通过家庭消费效用的最大化得到定价核，然后由此具有微观基础的定价核对资产定价，从而得到利率期限结构模型。基于消费效用最大化的资产定价模型是对多期一般均衡资产定价研究时采用的主要方法，它仍然以基本的单期的资本资产定价模型 CAPM 和跨期 CAPM 模型（Merton 1973）为基础。两者最主要的差别在于：CAPM 模型中风险仅仅来自资产回报率与投资组合回报率的协方差，这样与资产收益相关的不确定性只有唯一的风险源，但模型本身不存在识别究竟是何种原因使投资组合具有风险的。

基于消费的定价是经济代表人在一定预算约束下，对多期消费、储蓄与风险资产购买抉择时追求效用最大化条件下导出的资产均衡价格，价格的折现因子是经济代表人未来消费和当期消费的边际替代率，风险溢价依赖于资产的收益与边际消费效用间的协方差。这样就把定价问题嵌套在了宏观经济随机模型当中，而宏观经济模型能识别各种不确定性风险源，同时能解释这些风险影响收益和价格的机制。

基于消费的定价模型对宏观经变量、期限结构和债券的风险溢价间的联系给出了理论解释，认为风险溢价不仅依赖于消费变动的方差，也依赖于风险规避系数和折现过程。在标准消费定价模型（lucas 1978，Breeden 1979）中虽然经济代表人仅在当期的真实消费与为抵消现金流的通胀风险而进行的投资之间选择，但模型已经可以能够解释资产的均衡超额收益以及零息债券的收益曲线。Backus 等（1989）、Campbell 和 Viceira（2001）使用标准模型计算了风险溢价的理论值，并且认为总消费和利率不确定性是风险溢价的决定因素，不足之处是他们都假定风险溢价是常量。

2.1.4.2 模型关键问题和研究现状

Kamara（1997）、Hamilton 和 Kim（2002）等研究表明长短期利差对经济增长有较好的预测能力，正的利差预示着未来产出增加，负的利差预示着未来可能进入萧条阶段。当预期到未来消费可能较低，即面对萧条时，投资者将购买长期债券同时出售短期债券，从而在未来增加收入，此时短期收益增加而长期收益下降，在经济步入萧条前可以提前观察到负的期限利差。意味着参与者有平滑消费的偏好。

偏好结构表征着可观测的消费行为，强调了前期消费的持续性和它对当前效用的影响，期望效用框架能解释不同的消费偏好结构。消费偏好研究是此类模型发展的关键，能改进模型的功能效果。较为著名的是 Abel（1990）的比率模型和 Campbell 和 Cochrane（1999）的差分模型，比率模型认为习惯的形成仅依赖于历史消费，具有常量型风险规避参数；而差分模型假定外生习惯依赖于较长期限的消费，具有时变型风险规避参数。

Stuart Hyde 和 Mohamed Sherif（2007）基于消费资产定价的利率期限结构模型应用 UK 利率数据考察了消费和期限结构的关系，分别分析了使用经典幂效用函数、Abel（1990）、Campbell 和 Cochrane（1999）偏好设定下模型对利率期限结构特征的刻画能力。认为收益利差有预测未来消费增长的能力，期限结构含有未来经济发展的信息，研究倾向于支持 Campbell 和 Cochrane（1999）习惯形成的假定，其余形式难以得到合理的参数值。

Jessica A. Wachter（2006）采用了基于消费的利率期限结构模型，考察了名义利率的多个特征，模型引入了由外生习惯特征产生的时变风险价格，消费习惯依赖于历史的消费增长和未来的期望通胀。在较低的消费增长期之后，投资者边际效用上升的变动会促使他们要求更大风险溢价，结果市场风险溢价就会显现逆周期性。当用消费、通胀、金融市场的数据对模型校准后，得到了债券收益的真实均值和波动率，以及较高的债券溢价。

基于消费的模型隐含着风险资产的风险溢价和消费的 BETA 系数成比例。Rubinstein（1976）、Breeden 和 Litzenberger（1978）研究显示，对于真实消费变动，如果资产收益较敏感，这种资产就有较大系统风险，应该获得较大的风险溢价。消费水平高时，边际效用较低，意味着支付较多；而消费低时，边际效用高，意味着支付较少。这种把消费增长与债券市场收益相联系的方法成为区别于其他定价策略尤其是 CAPM 的主要特征。

需要注意的是，基于消费的定价模型最初只考虑债券的实际收益率，这隐含着模型不含通胀率及通胀风险。Bansal 和 Shaliastovich（2009），Piazzesi 和 Schneider（2006）考察了具有外生性消费禀赋经济，不过模型假定通胀能使名义债券从对冲风险的资产转变为具有风险的资产，从而产生了正风险溢价。Piazzesi 和 Schneider（2006）以美国通胀和消费数据为基础，发现消费增长率较低而边际消费效用较高时，较高通胀率使名义债券价值降低，故其在禀赋经济模型设定中考虑了这一事实。同时文中引入的 EZ 偏好效用函数含有相对的风险厌恶方程、主观折现因子以及跨期的替代弹性，使代表性经济人具有较大风险厌恶与愿意进行跨期消费并不矛盾，从而刻画了利率期限结构，既有时变风险溢价又有向上倾斜形状的两个显著特征。Ulrich（2010）在一个禀赋经济中假定经济代表人对通胀产生过程并不确定，这种条件下经济代理人会按照可能发生的最差的情况进行债券交易，模型根据期望福利对最差情况进行界定。结果发现较大通胀风险致使债券风险溢价上升，长期收益高于短期收益从而捕获了收益曲线向上倾斜的特征。

此类利率期限结构模型也面临另一些困难，Mehra 和 Prescott（1985）讨论的权益溢价之谜与这些困难紧密相关，也就是模型实证中较为合理的消费波动率与风险规避系数太小难以与历史风险溢价相匹配。Backus、Gregory 和 Zin（1989）发现完全的市场模型也不能解释风险溢价的符号、大小及波动变化。Binsbergen 等（2010）研究认为即使在基于消费的定价中增加内生性的生产元素，仍然难以联合解释期限结构和宏观经济变量的关系。

总之，以消费效用最大化为基础的基于消费的结构宏观金融模型使期限结构具有了更广泛的微观经济基础，完善了简约模型中的设置，为定价核的结构化奠定了基础，这是一种进步。但在模型假定、方程系统形成上并没有得到一致结论，在学术研究和实际应用中还需较长时间来系统化和规范化。

2.1.5 嵌入 DSGE 结构的宏观—金融模型

2.1.5.1 模型基本理论

中央银行主要以短期利率为工具来维持价格水平稳定，所以 DSGE 模型中利率变量常以短期利率代替中央银行的政策利率。然而社会经济更主要依赖于中长期利率，比如资产质押、固定资产投资等决策都以中长期利率为参考，中长期利率不仅受短期利率影响而且更受到风险溢价的影响，正如 Kozicki 和 Tinsley（2002）研究表明，货币政策对风险溢价的影响相比对真实经济要更强。因此，准确洞悉长短期利率间的关系以及它们影响经济的机理显得尤为重要。但一般的 DSGE 模型恰好不含有中长期利率。联合 DSGE 模型与利率期限结构模型不仅为宏观结构模型引入长期利率找到了新的方法，而且 DSGE 模型为解释影响收益曲线的基本宏观经济变量的动态性提供了好的框架。

基于计量统计方法的 VAR 模型缺少必要的经济理论解释，建模时需仔细分析时间序列的基本特征，确定滞后阶数。新凯恩斯宏观金融模型，使用了有经济含义的结构模型，其 VAR 部分的参数系数可能具有正确的符号，但估计定价核方程时，方程形式和增加的识别限制会限制因子的相互影响。基于 DSGE 的利率期限结构模型能够克服这些不足，给出具有经济理论基础的宏观模块和定价核，刻画因子间相互影响的经济根源。

在一些限制条件下或在非时变风险溢价假设下，有一些 DSGE 宏观金融模型是拟结构模型（近似结构模型），这些模型不能完全刻画收益曲线的动态性；还有一些模型最终只能推导出非仿射期限结构模型，由于求解上过于困难，计算过于复杂限制了它们的广泛应用。因此，这里主要集中于一种 DSGE 结构宏观金融模型，一方面，它能清晰解释宏观经济的主要联系，具有较强的拟合数据能力，能考察各种冲击的影响；另一方面，借助类似于基本金融模型的推导方法，能够只用宏观经济变量和结构参数推导出风险价格方程和定价核，这就把宏观结构的动态性转变到了微观金融部分，即使导出的定价核是高度非线性的，由泰勒展开仍然能得到时变的风险溢价。

2.1.5.2　模型求解与研究现状

现有研究表明，泰勒一阶展开 DSGE 模型后，其解具有确定性。虽然构建模型时允许存在各种冲击，但以一阶最优条件作为决策依据时并不会纳入未来冲击伴随的风险，而当期冲击是确定的，所以此时的冲击具有确定性。具有风险的金融资产不会出现在没有风险的经济环境中，此种情形下由定价核导出的收益曲线没有风险溢价。模型的二阶近似解中存在一个与将来风险有关的固定常量，反映了代表性经济人的预防性投资、储蓄动机，此时由定价核导出的利率曲线含有常量风险溢价。DSGE 模型的三阶展开近似求解中，模型的其余状态因子变量可以和预防动机因子相结合，从而产生出具有时变性质的风险溢价。但需注意的是，三阶解为时变风险溢价的产生提供了理论与技术上的可能，但模型系统中方程与参数的设置可能会扭曲风险溢价的经济意义。

最初的 DSGE 模型难以准确刻画资产的风险溢价，针对这种状况很多学者给模型系统中增加方程来改进其在定价资产方面的能力。Hoedahl、Trisani 和 Vestin（2008）把名义利率和内生性习惯模型引入 DSGE 模型中，求解出了具有较小波动的风险溢价，同时提高了对消费增长率、通胀率的一阶、二阶矩拟合效果。Paoli 和 Zabczyk（2012）采用同样方法，只是引入了外生性习惯偏好并忽略了预防性储蓄，认为此模型有助于货币政策的设计。Rudebusch 和 Swanson（2012）基于新凯斯 DSGE 模型又在固定资本条件下引入了 EZ 偏好结构，并通过三阶导数予以求解。由于 EZ 偏好结构仅有二阶导数能影响宏观经济变量、一阶导数影响风险溢价，而模型又采用了恰当的泰勒规则，能刻画较大的通胀风险，所以此模型对风险溢价的水平和波动率以及宏观数据都刻画较好，受到广泛关注。

Martin M. Andreasen（2012）为了能给出风险溢价的结构、产生相应于投资者平均预期的未来消费水平、产生和投资者平均预期相一致的通胀预期，在标准 DSGE 模型中引入了 EZ 偏好、粘性价格、资本积累以及基于泰勒规则的货币政策，通过使用扰动方法（Perturbation）对模型求三阶导数，获得时变风险溢价。模型采用 UK 数据，借助非线性滤波法从而拟合了名义和真实的利率期限结构、通胀和宏观数据，分别给出了名义的和真实的风险溢价以及通胀风险溢价的结构。Ales Marsal、Lorant Kaszab 和 Roman Horvath（2017）在新凯恩斯宏观金融模型中引入 EZ 偏好结构，定价核由消费增长率、通胀率、时间偏好冲击、消费和闲暇的长期风险驱动，并且量化了此四个因子对债券价格的贡献。通过把这四个因子引入利率期限结构，把财政与货币政策的不确定性转变为债券市场的风险溢价。

Timothy s. Fuerst（2015）采用两种方法构造了 DSGE 模型，第一种是在有摩擦的资产交易市场中引入 EZ 偏好设定，从跨期替代弹性角度求解风险规避参数，经济中代理人更倾向于规避长期风险。这种方法认为供给冲击的下降引起消费和通胀反方向变动，也引起定价核协方差的变动，分解出的风险溢价具有显著的趋势成分。第二种是在资本市场中引入分割市场理论，短期和长期债券由不同代理人定价，分割市场限制了代理人在长短期市场中的套利行为，解释了风险溢价较高频率的波动问题。

基于 DSGE 模型的宏观金融模型不仅考虑到了短期利率、长期利率的分解问题，而且能直接考察收益曲线变动机制对真实经济的影响，所以为研究期限结构影响社会经济的机制提供了一可行途径。但 DSGE 模型中的消费效用最大化条件是基于代表性代理人的消费行为，而现实中不同个体对于未来经济、利率的预期具有较大差异，致使其受远期利率约束的消费与储蓄需求难以反映总体。因此，一方面需考察和建立经济中代表性代理人之间的正确联系，以及处理宏观经济中经济周期的影响问题。另一方面当在已有模型中增加某些设定时，如封闭经济下的 DSGE 模型扩展到开放经济下的 DSGE 模型时，必然会带来资本流动问题和汇率变动问题，这会使 DSGE 问题变得更加难以求解。

复杂的动态随机一般均衡框架下讨论期限结构必然面对复杂求解计算的挑战。通常采用的线性化方法，会导致所有资产具有一致的收益，从而对资产定价失去意义。因而除去常用的线性、对数线性方法外，参数预期算法（Parameterizing Expectations），结合 Gauss - hermit 正交化的局部线性化法，Tao Wu（2006）采用的两步计算法也在不断尝试和改进中。

2.2　债券风险溢价

2.2.1　风险溢价的定义

对于债券投资者而言，确定债券风险溢价的大小有助于他们明确不同债券市场的风险和收益，也能准确地把长期收益分解成短期利率预期和风险溢价两部分，从而使投资者按照利率期限结构进行投资和对冲风险成为可能。对于债券发行者来说，明确风险溢价有助于确定发行成本，合理高效管理他们的债券组合。长期利率决定消费和投资，最终影响总产出，但时变的风险溢价会使短期利率对长期利率的传递变模糊，使货币政策传导机制更加复杂。可见，风险溢价对债券投资者、发行者及中央银行有着重要的现实意义，它始终是一个非常值得研究的问题。但由于它只能间接地用不同模型去求解，所以到目前都没有一个统一标准。

当市场参与者感知到经济中的通胀、经济状态、货币政策的不确定性增加时，会认为系统风险上升，要求的补偿就会增加。规避风险的市场参与者，在经济萧条期要求的风险补偿就会变大，而经济繁荣期风险补偿要求相对较少，也就是风险补偿会随经济周期变化而变化。除了这种基本影响机制外，债券的流动性问题、投资者的偏好习惯也会影响风险溢价。例如，对于大型的养老基金和某些金融机构其目的在于获得稳定收益以对冲持有风险，当大量购买政府债券时会影响其长期收益水平和风险溢价的大小。可以说风险补偿依赖于持有期各种风险，任何一方的变化都可能导致风险溢价变动。

Wright（2011）认为，向上倾斜的收益曲线意味着投资者要求风险溢价来补偿他们持有较长期限债券的风险，但作者并没有明确区分风险溢价和期限溢价。而严格意义上的期限溢价是由于持有期较长而要求的期限补偿。一方面，Fama 和 French（1989）用一个公司债券的市场组合和一个 AAA 级公司债券的差作为违约风险溢价，有时一些文献把它称为违约利差；另一方面，他把债券收益和一期 AAA 级的政府债券的利差当作到期风险溢价或期限风险溢价，并解释成是对持有期风险的补偿，这个意义上，作者区分了违约风险溢价和期限溢价。按 Swanson（2007）的解释，期限溢价本质上就是投资者放弃持有一系列短期债券而持有长期债券要求的超额收益，即认定超额收益就是风险溢价。但超额收益一般指超过市场平均收益的收益，而风险溢价一般指高于无风险收益的那部分收益。

目前，风险溢价的定义形式有很多种，其中有三种较为常用：第一种称为回报风险溢价，指持有一期多期零息债券的持有回报与一期短期利率的差；第二种称为远期期限溢价，指相应时间的一期远期利率与一期未来短期利率预期之差；第三种称为收益风险溢价，指多期债券的持有期收益与同样期限的预期未来平均短期利率的差。尽管在形式上和数量上有差别，但是它们变动轨迹方向基本相同，具有相似的政策与实践意义。本书研究针对我国国债利率期限结构，基本排除了流动性风险和违约风险，因而风险溢价指的是当投资于一个长期债券时的期限溢价。

2.2.2 风险溢价的生成因素

风险溢价与债券的需求有关。Hellerstein（2011）用世界上多个典型国家的数据研究期限结构时发现，美国出现了负的风险溢价，经过详细考察认为应该与 2008 年俄罗斯部分债权出现违约和经济状况恶化有关。说明在这种情况下，个人和投资机构会追求高质量的债券，把投资重心转移到经济前景较好的美国，加剧了对美国债券的需求，风险补偿降低、长期收益降低，甚至出现了负的风险溢价的情况。这种情况与 Swanson（2007）描述的情景相似，只是当时是由于大量养老基金和保险基金对长期债券的需求导致风险溢价变负和长期收益较低。多数情况下风险溢价为正数，驱动风险溢价发生变化或是很多因素决定了其基本特征，因此需结合实际经济情况考察。

Wright（2011）通过考察美国市场中远期利率和风险溢价，认为通胀的不确定性是风险溢价的一个重要驱动因素。Cochrane 和 Piazzesi（2005）的观点较为不同，他们把持有期超额回报作为债券风险溢价代表，用远期利率主成分的线性组合构建超额回报预测因子，并验证了此预测因子能解释风险溢价的时变性。

另外类似于利率期限结构因子模型，一些学者认为是风险溢价的水平、斜率、曲率驱动了溢价的变动。如 Fama（1990）考察了货币资金市场的风险溢价的斜率和违约风险溢价，认为风险溢价的斜率是驱动溢价变动的主因。而后有些学者在此基础上又结合 Adrian - Crump - Moench（ACM）模型形成五因子模型刻画风险溢价，这种方式已被美联储官方采纳。如 Pando（2016）构建了针对欧盟三个关键国家和东欧主要国家的 ACM 模型估计了风险溢价，认为欧盟非预期的量化宽松政策使十年期风险溢价迅速下降。

在次级贷款危机期间风险溢价的问题尤其受到关注，研究表明风险溢价与货币政策具有紧密联系。危机发生前，央行主要通过传统货币政策，如买卖短期政府债券权益来调整短期利率的目标。危机发生后，短期利率达到了下限，常规的货币政策一定程度上失去作用，央行转而使用非常规货币政策，通过购买大量资产对长期债券收益施以向下的压力，从而期望长期利率下降，刺激总需求。结果是央行大量持有债券使风险溢价降低，且长期利率变小。这正如 Pando（2016）表明的，捷克、波兰、匈牙利虽然在 2004—2016 年风险溢价显著且平均为正数，但全球金融危机发生期间，量化宽松政策之后风险溢价消失了。国内如杨宝臣和张涵（2016）、范龙振和张处（2009）、郑振龙和吴颖玲（2012）、陈蓉和廖木英（2015）等考察了我国货币政策、通货膨胀、经济增长等主要宏观经济变量对债券风险溢价的影响。研究为分析货币政策和风险溢价的交互影响提供了依据，是货币政策决策的有益参考。

风险溢价与经济状态相关，Fama 和 French（1989）认为风险溢价作为债券收益与一期政府债券的利差，与短期的经济周期密切相关，经济周期处于波峰段时风险溢价小，而处于波谷段时风险溢价大，即风险溢价具有逆周期性。Kim 和 Orphanides（2007）通过实证研究认为，风险溢价在经济萧条和危机到来前表现为逆驼峰型，而在经济情况向好时具有向上倾斜的趋势。Garcia 和 Werner（2016）通过对欧盟六个核心国家和五个一般国家的债券数据进行研究，发现经济中的宏观经济变量能解释风险溢价 40% 的变化，而在全球经济危机期间解释能力达到 55% 以上，且优于一般的金融指标；在危机发生前，债券市场风险溢价有上升趋势，但危机开始以后市场中风险溢价出现非统一的变化。范龙振和张处（2009）主要讨论了债券市场的利率、风险溢价与主要的货币政策和宏观经济变量的相互作用关系。发现市场利率能反映政策利率、货币供给增长率、通胀率、消费增长率的变动，而且这些变量能解释以超额回报表示的风险溢价。

投资者对经济事件反应的行为机制也会影响溢价的大小。Kim 和 Orphanides（2007）认为风险溢价可以作为收益偏离预期假设的补偿，系统风险的大小会随着投资者对通胀、真实经济状况、货币政策的不确定性以及经济周期的认知变化而改变。其实 Cox 等（1985）就意识到市场参与者对未来事件的预测，以及对风险的偏好是风险溢价的重要决定因素，而且在消费模型中参与者跨期消费习惯也影响风险溢价。

2.2.3 风险溢价的求解方法

综上所述，风险溢价与债券需求、通胀预期、货币政策、宏观态势、投资者个人行为等多种因素有关，而且也与不可观测的潜在因素相关，研究中通常借助不同模型求解，根据不同思路和模型求得的风险溢价很难做到完全统一。目前，常用的方法有：线性回归法、调查预期法、向量自回归法、Cochrane 和 Piazzesi（2005）超额回报预测因子法，以及基于新凯恩斯动态随机一般均衡框架等方法。

最简单的回归方法是 Fama - Bliss 回归，它以预期假设和理性预期成立为条件。第二种代表性回归方法是 Piazzesi - Swanson 远期利率预期假设回归。这些回归方法的不足之处是针对不同样本大小和不同样本时期，模型缺乏稳健性。VAR 模型本意是用来预测利率和分析利率的影响因素的，有些研究者把基于 VAR 模型不能解释的利率部分当作风险溢价进行研究，这种方法得到的风险溢价缺少经济含义。

基于调查预期的方法是指以回归模型为基础，利用市场参与者的调查预期替换现实的基准利率，风险溢价就是未来利率与预期利率的差。这种方法的不足在于调查预期的时间跨度和利率数据可能不符，这需要借助数学方法处理，同时调查预期的主观差异性太强。Cochrane 和 Piazzesi（2005）给出的方法是以一组远期利率的线性组合作为风险溢价的解释变量，风险溢价是单一回报因子的线性函数，简化了求解方法而且得到的风险溢价具有逆周期性。但此方法得到的远期风险溢价较大，且其波动也较大。

无套利利率期限结构模型为风险溢价的求解提供了较为可靠的手段。早期无套利模型没有具体的经济结构和投资者偏好的设置，过于简化的模型结构减弱了它的实用性。含有宏观因子结构的仿射模型是近些年最受关注的，模型能刻画利率期限结构的基本特征并给出宏观经济含义，因子选择多样化，模型能刻画出风险溢价的影响因素。但不足之处是，一般此类模型参数较多，估计起来较为困难。基于新凯恩斯动态随机一般均衡框架的模型，每个宏观经济变量都由经济模型刻画，然后对最优化方程线性化，泰勒展开求解，能获得时变风险溢价。模型增加了约束条件来刻画经济变量行为，使其更接近真实经济，但比较困难的是模型求解与估计，特别是模型规模较大时。

我国陈蓉和廖木英（2015）通过采用卡尔曼滤波估计了仿射利率期限结构模型，获得了 1—7 年期债券的风险溢价。发现风险溢价的大小随着期限的增加而增大，处于经济萧条时会上升，而处于经济繁荣时会下降，而且风险溢价与货币政策变量和流动性的关系比与经济增长的关系更为密切。朱世武和陈健恒（2004）认为中国银行间国债回购市场中的风险溢价具有显著的时变特征，时变风险溢价影响期限结构，是驱动期限结构变动的重要因素。谢赤等（2008）对即期短期利率应用卡尔曼滤波方法求得了时变风险溢价，认为期限越短风险溢价时变性越明显。

郑振龙和吴颖玲（2009）对风险溢价的求解方法进行深入探讨，从数据使用角度上把对风险溢价的求解分为先验信息法和后验信息法，先验法本质上表征着对利率的预期，代表了投资者对风险溢价的无偏估计，而后验信息法本质上是把超额收益作为风险溢价的有偏估计。郑振龙和吴颖玲（2012）采用先验信息法并结合仿射无套利模型求解风险溢价，又应用 VECM 模型发现我国风险溢价具有时变性，CPI（居民价格消费指数）和 GDP（国内生产总值）是影响溢价的最主要因素。

总之，风险溢价与宏观政策、微观金融市场有关，而且在很大程度上还依赖于经济状态、参与者的认知和行为机制，这些增加了研究的复杂度。

2.3 货币政策利率规则及政策传导机制

2.3.1 泰勒规则的含义

货币政策是中央银行用来调节货币供给、信用和利率以期望达到其经济目标的指导原则。央行为达到促进经济增长、保持价格基本稳定的主要目标，可以使用的主要货币工具是基于数量型的基础货币供给和基于价格型的利率。货币数量变动的效果不仅依赖于基础货币的大小，而且依赖于货币的流通速度，同时会引起银行系统信用的大幅变动。与之相比，央行目前更倾向于通过调节利率来影响宏观经济。

然而经济与利率间的关系并不简单，而且利率变动对经济的影响有明显的时间滞后性，央行一般是逐渐调整利率并间隔考察政策实施效果。由于这种滞后性，经济学家希望寻找一个规则，这种规则能反映经济目标变动对利率的影响，能允许中央银行去选择利率以接近他们的经济目标，而不是随机地相机抉择。这种规则既能将利率和经济目标相联系，又能刻画利率对经济目标变动做出的积极反应。因为价格稳定、产出增长是央行的主要目标，所以泰勒规则就是基于价格水平和真实产出的政策规则。

基准泰勒规则为 $r_t = \pi_t + \delta(\pi_t - \pi^*) + \gamma(y_t - y^*) + r^*$，其中 r_t 为央行的短期利率目标；π_t 和 y_t 是当期通胀和产出；π^* 和 y^* 是通胀目标和潜在产出；r^* 设为均衡真实利率。系数 δ、γ 反映了央行对通胀和产出偏离目标时的响应程度。δ 越高，通货膨胀高时央行倾向于更大程度增加利率。从方程可以看出若实际通胀与产出水平恰好等于其潜在目标值，则央行制定的短期利率恰好等于潜在实际利率；当通胀在通胀目标之上时应须提高基准利率，反之应该降低基准利率。

央行遵循泰勒规则调整货币政策：央行调整短期利率，短期利率经由金融市场影响长期利率，长期利率影响消费、投资、购买、净出口，进而影响总需求，而供给的滞后性会触发产出缺口生成，物价随之变动，市场中形成通胀预期，央行随后根据捕获的通胀预期对短期利率进行调整。可见，只有当经济体有完备发达的金融市场，且利率市场化程度较高，而且有较好的市场经济环境，泰勒规则才能发挥作用。泰勒规则隐含着货币政策应有前瞻性，政策本身就带有了一种预承诺机制，因而泰勒规则能够解决货币政策实施与效果显现的时间不一致性问题。

2.3.2　泰勒规则存在的问题与研究现状

实践证明，自 1993 年泰勒规则提出后，此规则很大程度上解释和预测了美国 20 年的目标利率，尤其在二十世纪八十年代到 21 世纪的大缓和期。但是在这之后特别是经济危机后，美国实施了多次量化宽松政策，其基准利率外生性地设置在了零利率附近，自此美国基准利率和泰勒规则严重背离。泰勒规则虽然形式简单，但其内在参数、数据设置较为复杂。所以许多学者对基本规则及其变形进行了广泛研究，以期增强它的适用性，以下介绍设计泰勒规则时需要考虑的问题。

首先，通胀与通胀缺口是难以度量的变量。目前，很多国家货币政策目标中仍然没包括通胀目标，这样模型中通胀目标多是借助不同算法估计的或采用调查的主观数据。而且很多经济体在度量通胀时采用的指标相同，如有些直接采用较为标准的 CPI 指数，而有些在构造 CPI 指数时剔除了食物及能源消费，有的则用 GDP 折算指数。这些差别影响了规则的构造，但一般是通胀波动较大估计的参数较显著。

其次是产出缺口的计算方法不统一。产出缺口需要先计算潜在产出，潜在产出与经济达到自然就业率时的产出一致，多数情况只能用真实产出的趋势去度量。泰勒 1993 中使用的是线性趋势，Clarida、Gali 和 Gertler（1998）使用二次近似的趋势，还有研究使用 HP 滤波或其他滤波去求解趋势（Esanov、Merkl 和 De Souza，2005），这些不同方法导致不同的趋势结果。另一个问题就是产出数据，虽然多数经济体采用 GDP 作为产生数据来源，但是仍有实时数据和修正数据的区别。如 Seitz、Gerberding 和 Worms（2007）建议用产出缺口的变化代替产出缺口，以缩小实时数据和修正数据的偏差。

再次，泰勒规则形式不同将可能产生不同规则结果，规则可以是前瞻型、后顾型，还可以是混合型。前瞻型就是央行根据期望的未来通胀和产出设定利率，后顾型就是利用历史的通胀和产出数据设定利率，混合型就是设定利率时同时考虑两者的预期值和滞后值。

Clarida、Gali 和 Gertler（1998）研究了带有利率滞后项因子的前瞻型泰勒规则；而他们在 2000 年的文献中又成功地估计了一个后顾型规则，研究认为后顾型更具适用性。利率滞后项系数称为利率平滑参数，含有滞后利率的模型估计出的滞后系数一般都显著而且接近 1。Rudebusch（2008）认为平滑参数可能并不能反映利率的平滑性，而是反映了可能的序列相关或者因子的持续性，或者是导致央行偏离政策规则的政策冲击的持续性，含有利率滞后项的规则可能有设置上的不足。

在泰勒规则中引入货币供给、汇率、股票指数等指标，从而可能得出不同结论。Puckelwald（2012）通过引入名义汇率与长期平均水平的偏差、真实利率与基准利率的偏差来对世界经济合作与发展组织的 20 个国家的前瞻型、后顾型泰勒规则进行适用性检验，认为多数国家对汇率偏差和利率偏差有显著的较大系数，而通胀和产出缺口系数则较小，得出这些国家或许没有按照泰勒规则方式执行积极的货币政策。Clarida、Gali 和 Gertler（1998）考察了美国、德国、日本、法国、意大利、英国在 1979—1994 年的数据后认为尽管增加变量起到一定作用，但并未改变通胀、产出缺口以及滞后通胀率的系数。Belke 和 Klose（2010）考察欧洲中央银行和美联储 1999—2009 年的数据，发现加入规则中的大部分参数显著，而且通胀缺口和产出缺口系数变化不大。

另外，政策转变与使用的数据频率也会影响泰勒规则的参数值。新的政策指导用于政策决策时通胀目标或许发生变化，有时由于央行具有一定的独立性，它会依据指导原则按自己想要的方式制定、执行货币政策，这样来自央行行为的变动会导致政策的结构中断，通胀目标、通胀水平会发生相应变动。Clarida、Gali 和 Gertler（2000）把战后美国分为三个时期[①]，发现不同时期估计的系数差别较大。Belke 和 Klsoe（2010）考察 1999 年之前的欧洲央行与美联储数据，发现两央行危机发生前货币政策操作方式相似，但危机发生后政策开始有所不同，从 2007 年后半年到 2009 年前半年，欧洲央行主要通过增大产出缺口来维持通胀稳定，而美联储是以较高的通胀为代价来稳定产出。关于估计泰勒规则的数据频率，普遍认为月度数据相对于季度数据有较大优势，但 Islam（2011）应用美国数据估计了前瞻型和后顾型泰勒规则，却认为随着数据频度从月度转变为季度估计结果没有发生显著变化。当然不同的估计方法将导致规则系数有差别。如广义矩法、极大似然法、两阶段最小二乘法等非线性方法所得结果会有差异。

泰勒规则在我国的适用性也受到国内学者的广泛关注。卞志村（2006）在泰勒规则中引入利率平滑和预期成分，使用广义矩法估计参数并结合协整检验，考察了泰勒规则在我国的适用性。王胜和邹恒普（2006）借鉴 Clarida（2002）开放经济中的泰勒规则，把两个经济体纳入到一个一般均衡框架中，把欧洲、美国、日本当作我国经济的外在影响因素，并结合交错价格定价法对我国泰勒规则进行了实证检验。谢平和罗雄（2002）考察了我国泰勒规则的适用性问题，结果认为泰勒规则估计结果能反映我国的货币政策，解释了政策操作的滞后性，但通胀率的反应系数小于 1 表现出货币政策具有不稳定性，通货膨胀和紧缩有自我实现的机制。陆军和钟丹（2003）一方面探讨了泰勒规则理论含义；另一方面，针对国内数据采用协整方法对不同形式泰勒规则进行了估计，用预期通胀率缺口作为通胀率缺口的替代以避免货币政策的时滞性。结果表明，泰勒规则能反映拆借利率的走势。

总之，泰勒规则刻画的是通过短期利率对通胀和产出缺口变化进行调控的一种规则，虽然形式简单，但其内涵却意义深远。目前，规则函数形式、数据量化选择、估计方法等各个方面都仍需进一步的研究，这

---

① 三个时期分别是：美联储主席保罗·沃尔克 1979 年上任之前，其 1979—1987 年在任之间，及 1987 年退位之后格林斯潘继位的 10 年期。

为泰勒规则真正成为央行决策工具带来了一定的障碍。

2.3.3 货币政策的传导机制

2.3.3.1 传导机制理论

货币政策传导机制本质上是指央行应用货币政策工具影响中介指标，以达到实现政策最终目标的传导途径与作用机理。货币政策主要通过以下四种途径影响经济变量：

首先是利率传递途径。基本过程是：货币供给量改变利率，利率经由资本成本效益影响投资，投资支出作用于总需求，最终影响总产出。其次是信用传递路径，主要包括两种：一种是主动信贷控制，银行通过积极主动的信贷控制影响货币供给，继而影响整体经济的机制；另一种是被动信贷控制，即在央行政策约束下，银行贷资量发生变化，继而影响投资和总需求，最后影响总产出。再次是经由非货币资产的价格进行传递。如生命周期说中，支出取决于一生中的资产，而金融资产又是总资产的主要部分。货币供给减小，导致金融财富减小，一生资产变小进而消费收缩，总需求和总产出相继变小。最后是经汇率传递，开放经济体中，货币供给影响实际利率，进而影响实际汇率，汇率影响净出口，继而影响国内总需求，随后影响总产出。

相较于影响途径，政策的传导机制要经历三个重要环节：首先，从货币当局传导至商业银行、保险、证券等金融机构和金融市场，这可以通过同业拆借利率、准备金、基础货币等政策工具，影响金融机构的信用行为和能力，及整个金融市场的货币需求供给和资金融通成本。其次，从金融机构、市场传导至企业、居民等非金融部门的行为主体。金融机构根据已有的政策来调整自己的金融行为，进而影响各经济主体的消费行为、储蓄行为及投资行为。最后，经由非金融部门各经济主体的行为影响总需求、总产出、总价格水平及就业等宏观指标。

可以看出金融市场在货币政策传导过程中起到了积极作用。首先，央行要通过金融市场操作其货币政策工具，各金融机构要通过金融市场反映央行货币政策要求；其次，非金融机构的主体主要通过金融市场中利率的变化以及感知到的政策预期改变自身行为；最后，就是经济中发生的变化和即将发生的变化通过金融市场再反馈到央行，影响其决策行为。同时央行的货币政策取向，金融市场的完备程度、各行为主体的感知和主观学习能力、经济体的外部环境等多种因素影响着货币政策传导机制的效率。

2.3.3.2 我国货币政策传导机制研究现状

我国中央银行主要通过改变法定准备金率、进行公开市场操作来调整高能货币的供给，通过调整存贷款利率对资金的价格进行调控。就目前看，货币政策的中介目标已悄然从传统的货币数量型转向利率价格型。当然根据我国社会主义市场经济的现实情况，我国央行有时还通过管制利率、限制存贷比率及贷款额度等具有部分行政色彩的手段调控货币供应量。不过，伴随着我国市场经济的不断深入发展、利率市场化改革不断推进、金融机构的迅速成长、改革开放不断开创新局面，我国央行也在积极尝试创新货币政策工具，提高利率传导机制的效率、增强货币政策实施的效果。

马理（2013）等构建了贷款、债券、货币与商品四种市场，并区分为有无银行资本约束两种情形的宏观经济模型，分析了货币政策传导机制中的价格影响及结构效应，考察了货币政策传导的渠道和效果。彭方平和王少平（2007）通过对我国经济数据建立新古典投资模型和动态面板模型，考察了货币政策实施效果。刘莉亚等（2017）在世界经济增长乏力，全球货币政策效率降低，中国利率市场化改革处于加速完成阶段的背景下，详细探究了银行在不同竞争环境下如何影响货币政策的信贷渠道传导效率。

超额准备金作为衡量商业银行信贷供给、流动性水平的指标，能够影响信贷传导的效果，流动性反映着资金获得收益的传导效率。因此，王晓芳和郑斌（2017）通过考察银行超额准备金率的时间序列特征，构建了适合我国货币政策环境的传导机制分析框架。马文鹏（2017）探究了新的经济形势下，数量型货币政策工具的不可或缺性。着重对短期流动性供给、常备借贷便利、抵押补充贷款以及中期借贷便利具有的特点、使用方式进行了讨论，并结合我国的实际经济情况给出相关建议性操作。刘金全和石睿柯（2017）探究了我国政策信贷利率和市场利率并存情况下的双轨制特征及其影响货币政策传导的机制。

总之国内学者早已广泛关注我国货币政策传导问题，他们不仅仅研究货币政策传导的基本理论，而且也用现实数据检验相应机制渠道的存在性、可行性，并能针对性地给出有益的政策建议。不过需要看到，货币政策传导与经济发展阶段和经济金融环境密不可分，对它的研究是一个系统性的工程。随着我国货币政策框架的不断创新完善，货币政策传导渠道也呈现出多样性，传导机制更加复杂，传导效果更难把握，因此仍然需要学术界对其进行深入的探讨。

2.4 货币政策与利率期限结构、风险溢价的关联

2.4.1 货币政策对利率期限结构的影响

从宏观视角看，央行依照经济状况和未来经济目标来调整短期利率，短期利率调整效果经金融市场多种渠道传导并影响长期利率，长期利率影响总需求和宏观经济。从现有理论看，利率期限结构反映了长短期利率动态调整关系，蕴含市场对未来经济的预期，货币政策的实施能改变参与者的预期，预期的变化影响投资决策进而导致利率期限结构变动，最终达到影响经济的政策目标。因而造成货币政策与利率期限机构之间关系复杂。

利率期限结构在货币政策制定和实施中的作用越来越受到关注，成为货币政策与宏观经济连接的桥梁。一方面，利率期限结构能较好地反映通胀和产出、就业等宏观经济指标和未来走势。央行操作短期利率，经由市场参与者的金融行为传导到中长期利率，进而对宏观经济产生影响。所以利率期限结构会发生变化，期限结构的改变也恰好反映了货币政策的变化，它蕴含了利于决策的信息。尽管货币政策并不是驱动利率期限结构变动的唯一因素，但缺少货币政策影响的期限结构分析将缺少基本的现实经济理论基础。

另一方面，短期利率在紧缩型货币政策下提高后，如果政策可信度

较高，参与者将预期未来通胀率变低而短期利率变高，继而长期利率相应升高，但升高幅度较小，即长短期利差变小，收益曲线将变平坦；反之，宽松货币政策下，短期和长期利率都要下降，但短期利率下降的幅度较大，从而其利差变大，收益曲线将变陡峭。无论是怎样的期限结构理论，其模型必须能够刻画收益曲线的这些基本特征。长短期利率相互作用的机制也正体现了利率期限结构的货币政策意义。所以利率期限结构能为货币政策制定提供有益信息，货币政策的实施影响利率期限结构，两者之间的相互关系一直是研究热点。

在研究货币政策影响利率期限结构时，主要分析的是影响途径和机制。不同的货币政策工具、政策调控方式、操作规范对利率期限结构的影响作用不同。我国国债市场的市场化程度较高，其利率期限结构能体现货币政策的主要态势。刘海东（2006）以国债数据为对象，考察了货币政策对期限结构的影响机制，主要分析了货币政策是否能有效影响国债收益结构，同时考察这种影响对不同期限的利率是否有显著差异。崔永涛（2016）把国债隔夜回购利率和 7 天回购利率当作政策利率，运用 Nelson – Siegel 模型求解利率期限结构参数，用广义最小二乘法和 ARCH 模型考察了货币政策对不同期限利率预期的影响。

2006 年以来我国经济面临新的形式，货币政策工具中的法定准备金率和存贷款利率被频繁使用，货币政策的紧缩到扩张，影响了银行信用也影响了国债收益率。基于此背景下，汤晓军（2010）使用事件序列研究法，分别针对交易所市场和银行间市场，研究了货币政策扩张与紧缩对国债利率变动方向的影响，以及利率与准备金率变动对期限结构影响的差异程度。研究认为，在交易所市场中，扩张型货币政策导致利率期限结构整体上移，紧缩型政策恰好相反。而在银行间市场，存贷款利率调整导致国债期限结构变动更快，同时扩张性货币政策能显著较大的影响利率期限结构，但不同货币政策工具的政策效果差别并不太明显。

银行间同业拆借市场是我国金融市场重要组成部分，同业拆借利率的变化能影响银行信用，货币政策的周期性调整导致我国同业拆借市场的利率期限结构发生变动，深入揭示和利用此利率期限结构中的信息，将能增强对宏观经济走势的预测能力。宋平平等（2017）以二元选择模型为基础，考察了我国货币政策调整对银行间同业拆借市场中利率期限结构的影响。通货膨胀、经济周期、经济增长等货币政策指示变量对7天和90天利率利差影响最强，通货膨胀缺口对不同利率利差的影响作用强于产出缺口的影响作用。马庆魁（2009）使用VAR方法对比研究了货币供应量变动对银行间同业拆借市场和债券回购市场的利率期限结构的影响，认为货币政策在同业拆借市场中传导的更通畅。

凯恩斯相机抉择理论表明，央行面对现实的经济情况其货币政策会呈现出较强的逆周期性，货币政策这种周期性变化导致政策效果具有较强的非对称性，因而对利率期限结构变化可能存在差异化的影响。基于这种情形，潘敏等（2012）用银行间平均隔夜拆借利率作政策利率，借助Nelson-Siegel曲线模型和马尔科夫区制转换的VAR模型，考察了逆经济周期的货币政策调整对利率期限结构的影响机制。研究认为，当扩张型货币政策转变为紧缩型时，水平因子变大而斜率因子变小；在不同的货币政策周期，实施紧缩型货币政策时对水平和斜率因子的影响也不尽相同。当商业银行流动性充裕时，央行采取持续紧缩的货币政策，市场中长短期利率不会整体提高，相反会导致长短期利率整体变低。

国外如Shioji和Braun（2000）通过构建仿射模型和共同因子模型，研究了货币政策对利率期限结构的影响，研究认为货币政策对利率期限结构影响显著，但是两种模型下对长期利率影响有较大差异。自2008年美国发生次贷危机以来，为了早日实现复苏，隔夜联邦基金利率已被限制在了零利率附近，但为了进一步增加总需求，刺激经济增长，美联储又连续使用了多种非常规货币政策工具，这些新的政策导致参与者预期和风险规避的变化，改变了利率期限结构的形态。Eliana Galvez Amortegui（2017）探讨了非常规货币政策的影响机制和传导渠道，同时通过对收益曲线水平、斜率、曲率应用事件研究法，发现美联储通过释放未来经济走向的预期来引导政策。这对利率期限结构影响最大，非常规货币政策导致收益曲线非常平滑，即长期利率不是太大，这对刺激经济复苏起到了积极作用。当然非常规货币政策对利率期限结构影响的研究国外比国内要多很多。Tolga Cenesizoglu、Denis Larocque 和 Michel Normandin（2013）在同样的经济背景下，通过用结构向量自回归SVAR模型给冲击信息建模，对含有危机期和不含危机期的两段时间比较研究，认为传统货币政策工具在经济危机期间不能影响利率期限结构，而非传统货币政策在危机期间至少引起了利率期限结构的变化。

PeterTillmann（2017）认为，货币政策的不确定性能改变期限结构对货币政策的反应路径及程度。如果货币政策的不确定性较大，紧缩性的货币政策将会使长期收益有显著但程度较小的上升。把长期收益分解成预期成分和风险溢价成分后，当货币政策不确定性较大时，风险溢价会下降较多，但收益曲线对风险溢价的下降反映较弱。如果货币政策的不确定性是短期的，将会使长期债券更加具有购买吸引力，此时投资者只要求较小的风险回报。如果货币政策的不确定性具有长期性，结论正好相反。

2.4.2　利率期限结构的货币政策含义

在泰勒规则下，央行根据现在的通胀和产出缺口，按规则方式调整短期利率，进而引导市场改变长期利率以影响宏观经济。而长期利率变动多由市场参与者对未来短期利率、通胀、产出增长预期所形成，因而期限结构的变化反映货币政策态势、含有对未来经济预期的信息。央行可以利用从金融市场得来的信息，考察货币政策实施效果，根据经济预期前瞻性地调整政策。因此，利率期限结构对货币政策的作用显得尤为重要。自 1994 年开始，英格兰银行每季度都会公告由利率期限结构得到的通胀预期值，而美联储自 1996 年就开始公布作为经济景气指标的利差数据，并定期报告长短期利率的相互变动情况。

较早的 Mishkin（1988）主要研究了利率期限结构是否能对未来通胀进行预测，研究认为期限结构最短端（小于 6 个月的收益）与中长端（9 个月和 12 个月期的）所含的通胀信息不同。当样本较短时，最短端部分不含任何未来通胀的信息；相反，中长端却含有未来通胀信息，且同时含有丰富真实利率期限结构信息；当样本较长时，名义期限结构的中长端含有通胀预期的信息，但是较长区间下对真实收益期限结构没有预报作用。

Mehl（2006）主要考察在新兴经济市场中收益曲线斜率对通胀和经

济增长的预测能力问题，以及欧美等发达经济体的收益曲线对欠发达的新兴经济体经济的预测问题。认为即使对通胀和增长进行约束，新兴经济体的收益曲线在短端、长端都具有预测能力。欧美等发达经济体收益曲线含有新兴经济体未来通胀和经济增长的丰富信息，特别是在解释和预测新兴经济体的汇率变动方面具有较大优势，货币政策变化以及短期利率传导成为国际金融关联的主要驱动因素。

Menzie D. chinn、Kavan J. Kucko（2010）分别考察了利率期限结构在美国和欧洲不同国家的预测能力，并检验了不同国家和不同时期对结果的敏感性。研究发现近些年收益曲线对经济增长的预测能力与过去相比有所下降。如果使用近期数据，对于欧洲国家来说预测能力相对较强；收益曲线对其他主要的宏观经济变量同样具有预测作用。

Tolga Omay（2011）以新兴的土耳其经济为基础，借助平滑区制转移向量自回归方法结合脉冲响应，以及邹至庄断点检验法分析考察了利率期限结构中是否含有未来经济增长和通胀的有用信息。发现通货膨胀和经济增长与收益利差的预测关系并不稳定，而且在经济危机期间，利差的预测能力增强。

沈根祥（2010）在分析银行间债券市场的构成、利率市场化程度、参与者情况及其交易行为特性等基础上，研究了此市场中国债利率期限结构对未来通胀的预测情况。认为国债收益中 9 个月期限利差对预测未来通胀具有较强能力，但预测结果时好时坏，预测能力不稳定。刘英和赵震宇（2011）同样考察了银行间市场，研究认为当资本市场占支配地位时，在价格型货币政策下，市场利率对未来通胀有较强的预测能力；而当货币市场属性占支配地位时，在数量型货币政策下，市场利率对未来通胀有较强的预测能力。

李宏瑾等（2010）根据中央国债登记结算公司的银行间国债价格数据，发现中国利率期限结构的中短端相对于长端包含着更丰富的未来通胀预期信息，能作为判断通胀未来走势的依据；名义利率期限结构含有实际利率的信息，我国实际利率的波动性较大。金雯雯等（2014）采用 Nelson－Siegel 利率期限结构模型，借助具有时变系数的向量自回归模型考察了宏观经济变量与利率期限结构的关系，并分析了期限结构的宏观经济意义。研究认为，利率期限结构能反映出经济周期和预期通胀信息，但是货币政策对利率期限结构的变化缺乏敏感性，同时利率期限结构没能明确体现出利率调控信息。还有如郭涛和宋德勇（2008）、胡永宏等（2012）、孙浩和石柱鲜（2011）等以不同方法考察了利率期限结构和货币政策地相互影响关系。

其实，相关研究无论从研究视角、研究对象还是所采用的方法来看内容都是极为丰富的，虽然部分结论可能相互不一致，但还是有很多结论是有较大借鉴意义的。不过就目前来看，并没有形成系统和完备的理论体系，对它的研究仍在不断地深入之中。

2.4.3　货币政策对风险溢价的影响

中央银行通过货币政策影响金融市场资产价格，市场参与者通过金融资产的买卖获取收入，而风险溢价就是金融市场参与者对持有风险资产要求的补偿，这样参与者必然会密切关注金融市场的动态和央行的政策及意图。金融市场的价格反映了市场参与者对未来经济和货币政策的预期，这种预期为央行未来货币政策的调整提供参考。风险溢价成为连接货币政策和金融市场及参与者的关键纽带。

短期利率对经济具有有限的影响能力，真正决定储蓄、投资、消费进而影响经济的是长期利率。为了达到既定的政策目标，实施的货币政策必然要先经由货币市场转移到资本市场。风险溢价是资本市场长期风险资产价格的一个重要组成部分，它左右着长期收益率的大小。因此，风险溢价影响传导机制也影响货币政策效果，在政策制定实施中扮演着重要角色。

自 2008 年金融危机开始，美联储等西方发达经济体实施了大量非常规货币政策。这些政策都意在对长期利率施加向下的压力，放松金融条件，刺激产品、服务需求，进而增加总产出。学术界对非常规货币政策的风险溢价影响机制展开了丰富的研究。Callum Jones、Mariano Kulish（2011）在一般均衡框架下分别考察了两种非常规货币政策工具（约束未来短期利率预期路径的远期引导和长期名义利率）对债券市场的影响。研究认为，两种货币政策具有一致的市场均衡解，长期利率规则优于传统泰勒规则，在政府信用较强条件下，短期利率的远期引导政策能通过降低预期和风险溢价进而降低长期利率。

Brent B 等（2017）使用欧洲美元期权数据并借助 VIX 方法获得了未来短期利率隐含波动率，用隐含波动率的非预期变动度量货币政策不确定性，以此来检验货币政策不确定性冲击的宏观经济和风险溢价含义。隐含波动率斜率的非预期下降导致长期债券收益的风险溢价降低，也导致较高的通胀；即使不通过大规模资产购买的量化宽松政策，远期引导也能影响债券市场的风险溢价。

Sushanta K. Mallick、M. S. Mohanty 和 Fabrizio Zampolli（2017）用 VAR 模型研究了货币政策对美国 10 年期风险溢价的影响作用。发现非预期的宽松货币政策在危机发生前降低了基准利率，危机后的大规模资产购买导致了股票市场、债券市场的波动以及风险溢价的下降。危机前传统货币政策对经济发展有效，而危机后资产购买等非常规货币政策对经济有显著影响。危机前对 VIX 波动率的冲击会使风险溢价上升，而危机后的冲击则使溢价下降。Andrea Ajello 和 Hiroatsu Tanaka（2016）构建和校准了一个含有 EZ 偏好和金融市场信用摩擦的新凯恩斯 DSGE 模型，考察了金融危机后美国货币政策对债券市场风险溢价的影响。发现信用摩擦通过偏好与长期风险的相互作用显著增加了名义债券的风险溢价，增大经济对全要素生产率冲击的反应；非预期的货币政策冲击对风险溢价的动态变化有较小影响。

一些学者也研究了一国非常规货币政策对其他国家经济的影响情况。如 John H. Rogers、Chiara Scotti 和 Jonathan H. Wright（2015）对 24 个国家的日交易数据与美国数据共同建立结构向量自回归模型，认为美国的宽松货币政策同时降低了国内和国外债券市场风险溢价，同时导致外国汇率风险溢价降低。Ken Miyajima、M. S. Mohanty 和 James Yetman（2015）认为美国风险溢价的外溢效果主要由国内债券收益变低和银行信用的迅速扩张引起，债券风险溢价的外溢在美国货币政策对外影响中起到重要作用，特别是大量资产购买的量化宽松政策加强了这种作用，当然货币政策效果的外移与全球债券市场的发展密不可分。

第3章

货币政策对利率期限结构区制变动的影响

3.1 研究背景

中国债券市场经过近20年的改革与发展，市场化程度不断得到深化。2015年债券市场全年发行各类债券规模达22.3万亿元，较去年同期增长87.5%，增速上升55.2个百分点[①]。同时，利率管制机制在利率价格形成中的作用逐步消退，国债利率已被研究者认为是基准利率，其价格形成受宏观经济环境及货币政策调整的影响。供给与需求的波动、货币政策冲击、国内外经济金融事件等因素都会使国债利率期限结构发生变化或平移。研究认为，中国宏观基本面显著影响国债收益率曲线及期限结构特征（尚玉皇等，2015），收益率曲线与宏观变量之间存在双向互动关系（吴吉林等，2010）。

利率期限结构金融模型是基于无套利条件下不可观测因子（潜因子）的VAR结构，虽然拟合效果好，能够刻画利率动态演化轨迹，但模型无

① 参见央行发布的《2015年金融市场运行情况》报告。

法提供驱动利率变动的因子的宏观经济含义，也无法反映宏观冲击和货币政策冲击对收益的影响（Duffie 等，1996；Dai 等，2000）。为了研究宏观经济与利率期限结构的关系，Ang 和 Piazzesi（2003）是在不可观测因子向量中增加宏观因子构建了宏观—金融模型的开山之作，但模型中宏观因子外生给定，不受宏观结构约束，这类模型也称为内基宏观金融模型。实证研究中为了减少估计难度和复杂性，对模型参数施加的约束条件往往没有经济学理论支持，随意性较强。

为了进一步明确模型的经济含义，学者们构建了结构型宏观金融模型，也称为外基模型。因子向量可以全部为宏观经济变量，也可包含不可观测变量，因子动态采用基于新凯恩斯理论的动态一般均衡框架，从效用最大化的消费理论推导利率因子或随机折现因子（定价核）的运动形式，因而具有很强的微观理论基础，实证中用结构 VAR 进行估计和检验。模型一方面可以反映央行适时调整短期利率的行为，解释收益曲线的短期部分；另一方面，在金融无套利假设下，短期利率和长期利率是一致的，长期利率是经风险调整的未来短期利率预期，因而模型中投资者对宏观经济变量的预期值能够很好地解释收益曲线的中长期部分。内生的结构化因子解释了宏观经济对利率预期、风险溢价波动及期限结构变化等的影响，同时利用宏观经济信息进一步提高了收益率曲线的预测能力，因而广泛获得国内外学者青睐。Hördahl 等（2006）最早用结构型宏观金融模型研究德国债券市场，得出预测效果要优于一般仿射类模型。Rudebusch 等（2008）估计了美国国债市场，发现潜因子有重要的宏观和货币政策含义。Bekaert 等（2010）构建的结构型宏观金融模型对美国历史收益率数据有很强的拟合能力，收益率曲线和三个潜在因子与宏观经济变量（通货膨胀率和实际产出）都高度相关。

近年来一些学者基于动态随机一般均衡模型（DSGE）导出期限结构，将前瞻型新凯恩斯模型与最大化效用导出的随机折现因子结合起来，使随机折现因子与总需求方程一致，通过高阶逼近得到时变风险溢价（Rudebusch 等，2008；Hördahl 等，2007；Jules 等，2012）。鉴于 DSGE 模型的开放性和灵活性，可以嵌入更多的经济结构和偏好，将无套利条件下的宏观金融利率期限结构模型与动态随机一般均衡模型有机结合，可以更深层次地挖掘利率期限结构的微观形成机理、货币政策规则的微观作用机制及风险溢价的微观生成来源。由于 DSGE 模型最终体现为差分方程组，一般不能给出解析，需要数值逼近，因而模型求解有很大难度，这方面研究成果相对较少。结构型宏观金融模型是目前研究宏观经济、货币政策与利率期限结构、风险溢价关系的主流框架。

宏观经济和国债利率期限结构存在相互影响已是不争的事实，但我国宏观经济因素对利率期限结构影响并不稳定（丁志国等，2014）。当宏观变量、货币政策或者投资者的宏观经济预期发生结构性变化时，国债利率期限结构可能会随之而变。研究表明，我国宏观经济和金融总量近 20 年来表现出明显的区间转换和非线性特征，为分段趋势平稳（王琨等，2012；梁琪和滕建州，2006）。通货膨胀率序列和人民币名义汇率在此期间也具有明显的结构转变特征（刘金全等，2006；项后军等，2011）。货币政策在从紧、适度从紧、适度宽松、稳健之间数次相机抉择。在此背景下，我国国债利率期限结构是否受影响发生显著的结构性间断，这对于经济计量建模来说是非常重要的问题。如果对短期、中长期的不同期限的利率方程分别进行结构非线性检验，发现它们均在同一个时间点显著拒绝稳定性假设，则说明我国利率期限结构在此时出现了结构性变化。

我国由于利率市场化时间较晚，目前对利率期限结构的研究仍然有限，多数学者使用金融模型研究国债市场，少数学者在金融模型中加入宏观信息，但均把样本期作为一个整体研究，并未考虑利率期限结构在样本期内是否发生了结构变化。如孙皓和石柱鲜（2011）、袁靖和薛伟（2012）通过构建结构型宏观金融模型，研究货币政策与国债利率期限结构及风险溢价的关系。曾耿明和牛霖琳（2013）、周生宝等（2015）基于宏观金融模型将利率期限结构分解为实际利率与通胀预期，分析实际利率与通胀预期的动态特征。刘澜飚等（2014）基于动态随机一般均衡模型研究我国宏观经济对国债利率期限结构的影响。以上研究均未考虑模型稳定性，而忽视模型结构的稳定性将直接影响宏观经济决策的准确性，并进而影响宏观经济系统平稳运行和政策效果。

进一步考虑如果国债利率期限结构具有非线性，那么主导因素是什么？股票、汇率、银行等金融子市场的改革对债券市场带来哪些变化，这些变化与债券间断有什么关联，相关研究结论关系到如何制定和实施政策制度以稳定债券价格、减少金融市场波动，所以此研究具有理论价值和现实意义。目前，国内外类似相关研究是从区制转移角度分析经济周期性变化与利率期限结构变化的关系。如 Kang（2010）、Zhu（2011）和 Kaya（2013）分别用区制转移模型考察了美国、日本和土耳其的货币政策对国债利率期限结构变化的影响。我国也有学者试图使用与经济周期或利率政策相关的区制转移序列捕捉利率变化动态，如潘敏等（2012）对外生的货币政策代理变量和 Nelson－Siegel 模型估计出的水平和斜率因子建立了马尔科夫区制转移向量自回归模型，研究不同货币政策周期对国债利率期限结构的影响。虽然利率区制转移模型也刻画了结构性变化，反映了影响因素与利率的非线性关系，但本章除了关注检验非线性外，还分析各个因素对结构非线性的影响程度以及结构变化的主导动因，因而本章研究主旨与区制转移模型文献不同。

综上所述，虽然我国已有学者针对银行间同业拆解市场利率在不同区制下运动特征进行了研究（孙皓等，2012；刘金全和郑挺国，2006；王志强和熊海芳，2012），但对国债市场利率结构性变化或非线性特征鲜有相关研究，建立的利率期限结构模型均未进行结构稳定性检验，也较少考虑宏观经济结构变化对资产价格变化的影响。针对以上问题，本章首先基于未知间断点的结构非线性方法，实证检验中国国债利率期限结构在 2002—2015 年是否发生了结构非线性；其次，对间断前后两组子样本分别构建结构型宏观金融模型，因子动态方程由新凯恩斯一般均衡理论推导，内生化宏观变量和货币政策规则，从经济金融联合视角刻画国债利率形成机制；最后定量计算两组宏观金融模型参数的变化对结构非线性的影响程度，解释结构非线性的宏观动因。模型采用极大似然法估计，为了避免陷入局部最优和初值选择带来的繁重工作量，我们采用自适应遗传算法进行最优化计算。研究发现 2005 年金融市场发生的利率市场化、股权分置改革、权证上市交易、浮动制汇率改革、商业银行上市等重大事件对债券市场造成联动效应，显著影响了债券定价的风险价格水平和收益率结构特征。这将为管理利率风险，稳定债券市场提供实证经验和理论依据。

3.2　利率期限结构非线性特征的检验

Campbell 和 Shiller（1991）为了检验预期假设理论，提出了长期利率回归方程，用长期利率的变化对长短期利差做回归。本章通过检验此方程斜率回归系数在不同样本期是否显著不同，来推断利率期限结构是否具有非线性，检验方程为：

$$i_{m-1,t+1} - i_{m,t} = \alpha_m + \beta_m \ (i_{m,t} - i_{1,t}) \ / \ (m-1) \ + \varepsilon_{m,t} \qquad (3.1)$$

折现债券的长期收益率可以分解为未来短期收益率的均值和风险溢价项，在理性预期下由于短期利率预期不可预测，所以 $\varepsilon_{m,t}$ 设为白噪音。若斜率回归系数 β_m 显著偏离 1，则拒绝预期假设理论，说明风险溢价存在且时变。同时，β_m 也是结构变化的指示器，若前后两组样本的回归系数 β_m 存在显著差异，则证明利率期限结构不稳定，具有非线性。

结构间断有多种检验方法，Chow 检验需要先验设定断点时间；Quandt - Andrews 扩展了 Chow 方法对未知断点进行检验，Andrews（1993）给出此方法中 3 个统计量的真实分布；CUSUM 和 CUSUM 平方检验是对均值和方差稳定性检验；Bai 和 Perron（2003）提出的 BP 方法可以检验多重未知结构变点。本章首先选取 2002 年 1 月—2015 年 12 月中国银行间国债市场 10 个交易品种的收益率数据估计方程（3.1），10 种国债的剩余期限分别为 3 个月、6 个月、12 个月、24 个月、36 个月、48 个月、60 个月、84 个月、120 个月、180 个月[①]，接着用 Quandt - Andrews 方法检验斜率系数 β_m，得到最大似然比统计量（Maximum LR F - statistic）的时间点，然后用 chow 检验方法对每种利率在 Maximum LR F - statistic 时间点做间断性检验。

表 3.1 列出了 Quandt - Andrews 和 chow 结构变化检验结果，Quandt - Andrews 检验出有 7 种利率（12 个月、24 个月、36 个月、48 个月、60 个月、84 个月、120 个月）的最大似然比统计量时间点均为 2005 年 11 月，

① 数据为中国银行间零息国债的名义即期利率月平均值，采自 Wind 数据库。

其余3种利率（3个月、6个月、180个月）分别为2004年9月、2007年11月和2004年12月。Chow检验结果为3个月、6个月利率在10%显著水平下也不能拒绝在其最大似然比统计量时点无间断原假设，12个月、24个月、36个月、48个月、60个月、84个月利率均能在5%水平下拒绝2005年11月时无间断原假设，120个月利率在10%的显著水平下拒绝。而180个月利率在其最大似然比统计量时间点以10%的显著水平拒绝原假设，但在2005年11月时未能拒绝原假设（p值为0.3130）。所以10个单方程线性回归检验结果为：在2005年11月时，在5%显著水平下3个月、6个月、120个月、180个月利率不能拒绝无结构间断的原假设，而其余6种利率均拒绝原假设。

表3.1 利率期限结构非线性特征检验和长期利率方程斜率回归系数

3个月	6个月	12个月	24个月	36个月	48个月	60个月	84个月	120个月	180个月
Quandt - Andrews 检验：Maximum LR F - statistic 时间点									
2004M9	2007M11	2005M11	2005M11	2005M11	2005M11	2005M11	2005M11	2005M11	2004M12
Chow 检验的 p 值：原假设为在 Maximum LR F - statistic 时间点无结构间断									
[0.1189]	[0.1464]	[0.0374]	[0.0187]	[0.0255]	[0.0210]	[0.0230]	[0.0317]	[0.098]	[0.0771]
整样本（2002M01 - 2015M11）斜率回归系数									
-0.550	-1.073	-1.85	-1.662	-1.994	-2.858	-3.514	-4.8115	-7.037	-10.530
(0.432)	(0.475)	(0.356)	(0.669)	(0.967)	(1.219)	(1.503)	(1.989)	(2.769)	(4.024)
[0.0004]	[2.2E-05]	[1.7E-13]	[0.0001]	[0.0023]	[0.002]	[0.0030]	[0.0040]	[0.0042]	[0.0047]
子样本A（2002M01 - 2005M11）斜率回归系数									
-2.329	-3.233	-3.928	-5.372	-6.800	-8.203	-9.574	-12.207	-15.859	-20.961
(3.399)	(4.138)	(3.800)	(3.528)	(3.461)	(3.583)	(3.866)	(4.758)	(6.474)	(9.539)
[0.3327]	[0.3118]	[0.2012]	[0.0776]	[0.0291]	[0.0136]	[0.0089]	[0.0080]	[0.0124]	[0.0260]
子样本B（2005M12 - 2015M12）斜率回归系数									
-0.385	-1.053	-2.488	-2.429	-2.808	-3.716	-4.144	-4.551	-4.631	-5.754
(0.589)	(0.641)	(0.496)	(0.871)	(1.273)	(1.586)	(1.914)	(2.414)	(3.071)	(4.154)
[0.0203]	[0.0017]	[0.0000]	[0.0001]	[0.0034]	[0.0036]	[0.0083]	[0.0232]	[0.0692]	[0.0712]

注：圆括号为估计标准误，方括号为理性预期假设成立即 $\beta_m=1$ 时的p值。

为了进一步考察2005年11月前后两段时期回归斜率系数 β_m 的差异，

把样本分成子样本 A（2002 年 1 月—2005 年 11 月）和子样本 B（2005 年 12 月—2015 年 12 月），分别估计 10 种利率在整样本和两个子样本的斜率回归系数。表 3.1 下半部分显示了 10 种利率的斜率回归系数 β_m 在 3 个样本中一致为负，且随着期限的增长稳步降低。但同时也直观地显示出两组样本的差异，子样本 A 中的斜率系数明显小于子样本 B 对应值，说明 A 区间的斜率系数偏离 1 更远。A 区间的系数标准误至少为 B 区间对应值的 2 倍，说明 A 区间利率波动更大。方括号中的 p 值说明，在 5% 显著水平下，整样本中 10 种利率都拒绝理性预期假设，A 样本中期限低于 36 个月的利率不能拒绝预期假设，其余中长期拒绝，而 B 样本中的 120 个月、180 个月长期利率不能拒绝预期假设，其余短中期显著拒绝。表 3.1 反映出的两组子样本斜率回归系数的差异，在一定程度上辅证了利率期限结构在 2005 年 11 月出现结构变化。

如表 3.1 所示上述单方程回归标准误偏大，这在一定程度上影响了估计和推断结果的准确性。由于不同期限利率运动特征都能被状态因子所捕捉，所以不同期限回归方程的误差项具有相关性，可以用似不相关回归技术（SUR）估计。利用误差项相关信息估计后的标准误要比单方程估计时小，因而推断结果会更可信。本章接下来对在 5% 显著性下不能拒绝原假设的 4 种利率分两组进行似不相关回归，再一次检验斜率系数变化的显著性。具体检验方法为：添加虚拟变量与虚拟变量系数，把两项乘积加到回归方程斜率系数中，设 A 样本虚拟变量值为 0；B 样本虚拟变量值为 1，联合检验三个虚拟变量系数同时为 0 的概率。3 个月、6 个月、180 个月的 SUR 回归方程为：

$$\begin{bmatrix} i_{2,t+1} - i_{3,t} \\ i_{5,t+1} - i_{6,t} \\ i_{179,t+1} - i_{180,t} \end{bmatrix} = \begin{bmatrix} \alpha_3 \\ \alpha_6 \\ \alpha_{180} \end{bmatrix} + \begin{bmatrix} \beta_3 & 0 & 0 \\ 0 & \beta_6 & 0 \\ 0 & 0 & \beta_{180} \end{bmatrix} \begin{bmatrix} (i_{3,t} - i_{1,}t)/2 \\ (i_{6,t} - i_{1,}t)/5 \\ (i_{180,t} - i_{1,}t)/179 \end{bmatrix} + \begin{bmatrix} \varepsilon_{3,t} \\ \varepsilon_{6,t} \\ \varepsilon_{180,t} \end{bmatrix} \tag{3.2}$$

表 3.2 显示了此组 SUR 回归结果，两组子样本的斜率回归系数值差异仍然很大，但标准误比表 3.1 小，说明此次估计结果更有效，推断结果更可信。联合检验三个方程斜率系数无变化的 P 值为 0.0491，说明在 5%

显著水平下3个月、6个月、180个月利率联合拒绝了无间断原假设。第二组3个月、120个月、180个月SUR回归后联合检验P值为0.0468，同样显著拒绝原假设。单方程和SUR回归检验结果推断得出，中国国债利率期限结构在5%水平上显著拒绝2005年11月无结构间断原假设。

表3.2　　　SUR回归斜率系数和联合检验p值

整样本（200201：201512）			子样本A（200201：200511）			子样本B（200512：201512）		
3个月	6个月	180个月	3个月	6个月	180个月	3个月	6个月	180个月
-0.550	-1.073	-10.530	-1.886	-2.792	-29.003	-0.069	-0.631	-7.093
(0.432)	(0.475)	(4.024)	(3.251)	(3.961)	(8.532)	(0.570)	(0.613)	(3.797)
联合检验斜率回归系数的p值：原假设为3种利率在2005年11月无结构变化								
0.0491								

注：圆括号为估计标准误。

2005年是中国金融改革年，5月证监会启动“股权分置改革”；7月阔别9年的权证重返股市，汇率改革为浮动制；9月商业银行被授予除定期和活期存款外的6种存款利息的定价权，这是利率市场化进程中迈出的重要一步；10月中国建设银行上市，四家国有商业银行开始走向国际资本市场。这些改革事件的叠加集聚使整个社会的资源配置效率得到提升，投资市场环境更加成熟，价格发现和风险规避功能进一步完善。

随之债券市场产生联动效应，一方面，利率和汇率的市场化、商业银行开放上市等促进了资本融通，加快了债券市场流动性，同时使债券价格更多地受市场供求关系影响，政策波动因素影响减弱；另一方面，上市公司股权分置改革、权证上市交易等增强了企业信息披露，使投资理念更加理性，风险对冲和抵御能力增强，两方面影响可能会引起债券市场风险水平发生变化。3.4节实证部分对间断前后两组子样本建立无套利宏观金融模型，发现2005年后，与货币政策相关的斜率因子风险价格减小，投资者对货币政策波动的风险补偿要求降低，验证了我们的推断。实证还得出斜率因子风险价格减小是结构非线性的关键动因。因而2005年多起金融改革事件的积聚发酵显著影响了债券市场的风险价格，致使利率期限结构于11月发生结构性变化。夏庆（2011）运用马尔科夫区制转换向量自回归模型，对国债利率期限结构的水平因子和倾斜度时间序列进行单变量的模型检验。实证结果发现，水平因子和倾斜度在 2005 年 7 月前后均发生了结构性变化，汇率制度改革以及相应的货币政策调整共同解释了该变化，与本章检验的结构变化时间点基本接近。

3.3　结构型宏观—金融模型的构建

本章参考 Rudebusch 等（2008）的研究利用泰勒规则把新凯恩斯动态一般均衡模型和仿射无套利期限结构模型结合起来，驱动利率变动的因子具有了宏观经济含义，反映了宏观经济环境、货币政策对利率期限结构的影响。本节首先定义金融仿射无套利利率期限结构模型，接着定义新凯恩斯宏观均衡模型，之后通过对期限结构中短期利率的变化把宏观结构嵌入金融模型中，构建出利率期限结构的宏观金融模型。

3.3.1　仿射无套利期限结构模型

根据资产定价第一基本定理，如果一个金融市场中存在风险中性测度，就不存在套利机会。Duffie、Kan（1996）和 Dai、Singleton（2000）等一些研究者认为，收益曲线的主要变动都可以在无套利框架下得到刻画，所以从风险中性定价出发可以推导出无套利利率模型。基本思想为首先在风险中性世界定义状态因子随机扩散过程，债券价格是状态因子和期限的函数，之后根据伊藤引理得到债券价格的随机过程，此时资产的平均收益率等于无风险利率，进而得到风险中性世界里债券价格的偏微分方程。借助特定的拉东—尼克迪姆导数过程，通过哥萨诺夫定理把风险中性世界里的布朗运动转换到真实世界里，就得到了真实测度下的状态因子及债券价格的偏微分方程，此时债券平均收益率等于无风险利率加上风险价格与波动率的乘积。为了使债券价格为状态因子的仿射函数形式，定义状态因子的漂移项、波动率和短期利率（无风险利率）均为状态因子的仿射函数。离散时间模型为：

定义 n 个因子的状态向量 F_t 为高斯 VAR（1）过程：

$$F_t = \mu + \rho F_{t-1} + \Sigma \varepsilon_t \tag{3.3}$$

设 ρ 为下三角矩阵；Σ 为对角矩阵；ε_t 服从独立正态分布 N（0，In）。

定义短期利率 i_t（无风险利率）为常量和状态因子的线性函数：

$$i_t = \delta_0 + \delta_1' F_t \tag{3.4}$$

定义风险价格 Λ_t 为常量和状态因子的线性函数：

$$\Lambda_t = \lambda_0 + \lambda_1 F_t \tag{3.5}$$

定义 J 期零息债券的对数价格 ln（$b_{J,t}$）是状态因子的仿射函数：

$$\ln(b_{J,t}) = A_J + B_J' F_t \tag{3.6}$$

通过对债券价格的偏微分方程进行迭代求解可得到：

$$A_1 = -\delta_0;\ B_1 = -\delta_1$$

$$A_{j+1} = A_j + B'_j(u - \Sigma\lambda_0) + \frac{1}{2}B'_j\Sigma\Sigma' B_j + A_1$$

$$B_{j+1} = B_j'(\rho - \Sigma\lambda_1) + B_1 \quad , \quad j = 1, 2, \ldots, J \tag{3.7}$$

则 J 期零息债券的连续复利名义收益率 $i_{J,t}$ 为：

$$i_{J,t} = -\ln(b_{J,t})/J = -\frac{A_J}{J} - \frac{B_J'}{J}F_t \tag{3.8}$$

3.3.2 新凯恩斯动态一般均衡模型

新凯恩斯宏观均衡模型由总供给、总需求和货币政策方程组成，是宏观分析的主流框架。

总供给 AS 方程（菲利普斯曲线）：

$$\pi_t = \alpha_\pi + \mu_\pi E_t \pi_{t+1} + (1 - \mu_\pi)\ \pi_{t-1} + \alpha_y y_t + \varepsilon_{\pi,t} \tag{3.9}$$

式中，π_t 为通胀率；y_t 为产出缺口或工业设备利用率。方程（3.9）表示通胀率由通胀预期、通胀滞后值、产出缺口及外生的供给冲击决定。（$1-\mu_\pi$）刻画了通胀的内生持久性，α_y 反映通胀和产出之间的调整成本。

总需求 IS 方程：本章从消费者效用最大化框架推出跨期欧拉方程，采用与 Fuhrer（2000）相似的外部习性形式，产出由产出预期、产出滞后值、真实利率及需求冲击决定。

$$y_t = \alpha_y + \mu_y E_t y_{t+1} + (1 - \mu_y)\ y_{t-1} - \beta_r\ (i_t - E_t \pi_{t+1}) + \varepsilon_{y,t} \tag{3.10}$$

货币政策规则：学者们通常用泰勒规则或其扩展式研究央行货币政策行为，基准泰勒规则为：

$$i_t = r^* + \pi_t^* + g_y y_t + g_\pi (\pi_t - \pi_t^*) + \varepsilon_{s,t} \tag{3.11}$$

式中，r^* 为均衡真实利率，在短期内变动不大，一般设为常数；π_t^* 为央行设定的通胀目标；$\varepsilon_{s,t}$ 为外生的货币政策冲击；$r^* + \pi_t^*$ 代表了利率的长期水平，所以短期利率等于长期水平加上货币当局对通胀与通胀目标偏离和产出与均衡自然产出偏离时的利率调整。

3.3.3 基于新凯恩斯的宏观—金融模型

本章用泰勒规则把宏观和金融两种视角下的短期利率统一起来，进而为期限结构的潜在因子提供宏观经济含义，将新凯恩斯动态一般均衡框架纳入利率期限结构模型中。

定义状态向量 $F_t = (L_t^m,\ S_t^m)$ 满足方程（3.3），短期利率 i_t 设为常量和标准化单位因子的和：

$$i_t = \delta_0 + \delta_1' F_t = \delta_0 + L_t^m + S_t^m \tag{3.12}$$

式（3.11）和式（3.12）分别从宏观和金融两种视角下定义短期利率。Ang、Piazzesi（2003）和 Dewachter、Lyrio（2006）实证说明了这两种定义形式有很强的关联。考虑到式（3.11）、式（3.12）两种视角下短期利率的对应关系，本章模型只选择了“水平”和“斜率”两个因子，经过主成分分析这两个因子已经能捕捉样本收益率曲线 95.3% 的变化。

式（3.12）中的 L_t^m 通常表示收益率曲线分解出的水平因子，可以捕获名义利率的长期水平值，所以 L_t^m 是式（3.11）中 $r^* + \pi_t^*$ 的一个很好近似；S_t^m 通常代表收益率曲线分解出的斜率因子，可以反映式（3.11）中货币当局对政策目标偏离时所做的调整反应。此外，Bekaert 等（2010）研究也发现“水平因子”的变化主要由通胀目标冲击解释，“斜率与曲率因子”的变化主要由货币政策冲击解释。

所以本章设 L_t^m 为 π_t^* 的近似值，即为代理人感知的央行货币政策通胀目标，代理人经过对信息加工学习后，其感知的通胀与央行设定的通胀目标存在差异。姚余栋和谭海鸣（2011）把中国国债无套利期限结构模型分解出的水平因子和储户、朗润通胀预期指数及通胀数据进行对比研究，得出水平因子能够代表我国金融市场投资者对通胀的预期。这一结论也为本章水平因子经济含义的设定提供了实证支持。Dewachter 和 Lyrio（2006）、Hordahl 等（2006）的宏观金融模型也做相同设定。考虑到当通胀变化时代理人会逐步修正 L_t^m，所以 L_t^m 设定为其滞后值和通胀率的加权平均：

$$L_t^m = \rho_L L_{t-1}^m + (1-\rho_L)\pi_t + \varepsilon_{L,t} \tag{3.13}$$

设定了 L_t^m 为 π_t^* 的近似值，则可以用 S_t^m 因子刻画式（3.11）中央行对通胀偏离和产出偏离后的动态反应。鉴于货币政策制定的复杂性，央行需要权衡多方面因素，可能会对通胀和产出以外的其他相关事件做出反应，因而斜率因子 S_t^m 设定为：

$$S_t^m = \rho_s S_{t-1}^m + (1-\rho_s)(g_y y_t + g_\pi(\pi_t - L_t^m)) + u_{s,t} \tag{3.14}$$

$$u_{s,t} = \rho_u u_{s,t-1} + \varepsilon_{s,t} \tag{3.15}$$

ρ_s 表示货币政策自身惯性（利率平滑性）；$u_{s,t}$表示除通胀和产出以外其他序列相关冲击；$\varepsilon_{s,t}$为货币政策冲击。ρ_s 和 ρ_u 反映出货币政策连续性的两种不同来源，如果 ρ_s 等于0，则说明央行对通胀和产出以外其他相关事件冲击存在持续性反应；如果 ρ_u 等于0，则说明央行对其他事件不反应，政策的连续性源于利率惯性。单独估计泰勒规则方程时由于需要区分当期和滞后期回归元的影响，很难识别 S_t^m 的两种不同动态方式，但宏观金融模型中包含的利率期限结构的大量信息，有助于准确设置货币政策规则。

式（3.13）—式（3.15）定义了潜因子的宏观经济含义，接着定义其中的宏观变量。由于工资合约、调整成本等因素使得价格存在刚性，所以宏观模型中变量通常为季度或年度频率。本章为了与利率数据月度频率一致，宏观变量也采用月度频率数据，这样就需要为总供给 AS 方程（3.9）、总需求 IS 方程（3.10）增加更多期的滞后项，并把短期预期改为中长期预期。把式（3.9）、式（3.10）中的通胀预期项用 L_t^m 代替，并增加通胀和产出的滞后项得到式（3.16）、式（3.17）：

$$\pi_t = \mu_\pi L_t^m + (1-\mu_\pi)(\alpha_{\pi1}\pi_{t-1} + \alpha_{\pi2}\pi_{t-2}) + \alpha_y y_{t-1} + \varepsilon_{\pi,t} \tag{3.16}$$

$$y_t = \mu_y E_t y_{t+1} + (1-\mu_y)(\beta_{y1} y_{t-1} + \beta_{y2} y_{t-2}) - \beta_r(i_{t-1} - L_{t-1}^m) + \varepsilon_{y,t} \tag{3.17}$$

本章构建的结构型宏观金融模型的状态因子包括潜因子、产出缺口和通胀率，状态转移方程动态由方程组（3.13）—（3.17）刻画，其中 $\varepsilon_{\pi,t}$、$\varepsilon_{y,t}$，$\varepsilon_{L,t}$和 $\varepsilon_{S,t}$相互独立且服从正态分布，短期利率为式（3.12）。为了降低估计难度，我们把风险价格设为常量、L_t^m 和 S_t^m 的仿射函数。虽然如此设置风险价格不会受 π_t、y_t 的直接影响，但由于 $\varepsilon_{\pi,t}$和 $\varepsilon_{y,t}$会影响 L_t^m，S_t^m，所以风险价格仍然会受到 π_t 和 y_t 的间接影响。债券名义收益率由式（3.6）—式（3.8）求解。

3.4　模型估计与实证分析

3.4.1　样本数据

本章选取 2002 年 1 月至 2015 年 12 月中国银行间零息国债 6 种即期收益率月平均值估计宏观金融模型。对于无风险利率，国外多数学者使用 3 月期国债或 3 月期国库信息处理系统（TIPS）债券利率。鉴于我国并未发行类似 TIPS 等通胀保值债券，发行的最短期国债为 3 个月，但考虑到我国通胀水平高于西方国家，为使短期利率不含通胀风险溢价，本章选取剩余期限 1 个月的即期利率作为无风险利率，其余 5 种为半年、1 年、3 年、5 年、10 年期即期利率，数据采自 Wind 数据库。参照 kaya（2013）方法，对我国季度 GDP 数据用三次样条法得到月度数据，经季节调整后用 HP 滤波计算出潜在产出，产出缺口为 GDP 月度数据相对潜在产出的缺口百分比。同比通胀率为我国居民消费价格指数当月值与去年同期值的对数差。①

3.4.2　宏观—金融模型估计

设定状态因子向量：$X_t = [\pi_t \quad \pi_{t-1} \quad y_t \quad y_{t-1} \quad L_t \quad S_t \quad u_{S,t} \quad E_t y_{t+1}]'$，设 $\eta_t = y_t - E_{t-1} y_t$，则由方程组（3.13）—（3.17）定义的因子动态为：

---

① 宏观数据来自中经网。

$$\Gamma_0 X_t = \Gamma_1 X_{t-1} + \Psi\varepsilon_t + \Pi\eta_t \tag{3.18}$$

采用 Sims(2001)提出的线性理性预期模型求解方法,将式(3.18)由结构 VAR 化为简约式 VAR 模型:

$$X_t = \Gamma X_{t-1} + \Omega\varepsilon_t \tag{3.19}$$

由于 $E_{t-1}y_t$ 可由状态向量 X_t 中的其他因子表示,去掉 $E_{t-1}y_t$ 得状态向量 $F_t = [\pi_t \quad \pi_{t-1} \quad y_t \quad y_{t-1} \quad L_t \quad S_t \quad u_{S,t}]'$,动态方程为:

$$F_t = \rho F_{t-1} + \Sigma\varepsilon_t \tag{3.20}$$

式中,ρ 为式(3.19)中 Γ 的左上 7×7 矩阵,Σ 是 Ω 的左上 7×4 矩阵。

为了估计潜因子 $L_t^m, S_t^m, u_{s,t}$,本章参照 Ang 和 Piazzesi (2003)的方法,设 1 个月、12 个月、60 个月收益率数据为观测无误差,6 个月、36 个月、120 个月收益率数据观测有误差,这样潜因子就可用无误差收益率表示出来。设观测向量 $Z_t = [\pi_t \quad y_t \quad r_6 \quad r_{36} \quad r_{120}]$ 满足方程 $Z_t = \Gamma^z F_{t-1} + \Omega^z \xi_t$,则 Z_t 的对数似然函数为:$LF = \sum_{t=2}^{T} \ln f_{z_t | z_{t-1},\cdots,z_1}(z_t \mid z_{t-1},\cdots,z_1;\theta)$

$$= \sum_{t=2}^{T} \left(-\frac{1}{2}\ln(2\pi) - \frac{1}{2}\ln(\det(\Omega^z\Omega^{z'})) - \frac{1}{2}(Z_t - \Gamma^z F_{t-1})'(\Omega^z\Omega^{z'})^{-1}(Z_t - \Gamma^z F_{t-1})\right)。$$

本章采用极大似然法估计,该法通常采用无约束多维极值最优化算法对似然函数求极值,估计过程经常会遇到以下两个问题:无约束多维极值算法是局部最优算法,所以估计结果很可能不是全局最优;拟合过程需要大量尝试参数初值,一种生成参数初值的方法是设参数在一定区间内服从某种分布,由 Sobol 伪随机数列生成初始点序列;另一种方法是把每个参数区间划分为多个子区间,所有参数的子区间进行不同组合生成参数初值向量。无论用哪种方法设置初值,当参数较多时,计算量都很大。本章模型似然函数形式复杂,曲面极值点不唯一,且模型参数多达 23 个,为了避免陷入局部最优和初值选择带来的繁重工作量,我们采用最优化计算中的自适应遗传算法对似然函数求极值。自适应性使得当种群趋于局部最优或分布分散时,交叉概率和变异概率随适应度自动改变,同时也能实现个体的"优胜劣汰",所以自适应遗传算法较易收敛到全局最优。考虑到本章似然函数的复杂度和参数个数,我们设 500 个初始种群，最大进化代数为 1000，杂交概率 k_1 和 k_2 设为 0.5 和 0.9，变异概率 k_3 和 k_4 设为 0.02 和 0.05，离散精度取 0.01。本章用 MATLAB 7.0 编程构建模型和估计参数。

3.4.3　模型估计结果分析

依据非线性结构的检验结果，我们把样本划分为子样本 A（2002 年 1 月—2005 年 11 月）和子样本 B（2005 年 12 月—2015 年 12 月）。分别对两组样本构建结构型宏观金融模型，参数估计值如表 3.3 所示，标准误用 Fisher 信息矩阵计算。

表 3.3　　子样本 A 参数估计值

因子动态系数				风险价格参数			
ρ_L	0.9998 ** (0.0099)	ρ_u	0.0725 * (0.0079)	$\lambda_0 L$	0.0186 ** (0.0076)	$\lambda_0 S$	0.0053 ** (0.0015)
ρ_S	0.9294 ** (0.0066)	δ_0	-0.2418 (0.2132)	λ_{LL}	-0.0014 ** (0.00008)	λ_{LS}	-0.0028 ** (0.0011)
g_π	3.3228 ** (0.0631)	g_y	3.5961 ** (0.0621)	λ_{SL}	0.0454 ** (0.0011)	λ_{SS}	0.1872 ** (0.0091)
通胀动态系数				因子波动率			
μ_π	0.00006 (0.0001)	$\alpha_{\pi 1}$	1.1247 ** (0.0021)	σ_L	0.6234 ** (0.1057)	σ_y	0.3592 ** (0.0728)
α_y	0.0228 ** (0.0098)	$\alpha_{\pi 2}$	-0.1244 * (0.0661)	σ_s	0.7823 ** (0.1293)	σ_π	0.5105 ** (0.0450)
产出动态系数				观测误差的标准误			
μ_y	0.5510 ** (0.0029)	β_{y1}	0.9160 ** (0.0631)	σ_6	0.3131 ** (0.0235)	σ_{36}	0.1186 ** (0.0191)
β_r	0.0017 (0.0014)	β_{y2}	0.1573 ** (0.0073)	σ_{120}	0.1867 ** (0.0087)		

图 3.1 给出了两组样本 6 个月、36 个月、120 个月名义收益率和拟合收益率曲线图，左图为样本 A，右图为样本 B。显示两组样本拟合收益率的平均绝对误差小于 0.05，均方误差小于 0.01，表明本章模型能够较好

地刻画我国宏观经济和国债利率期限结构。

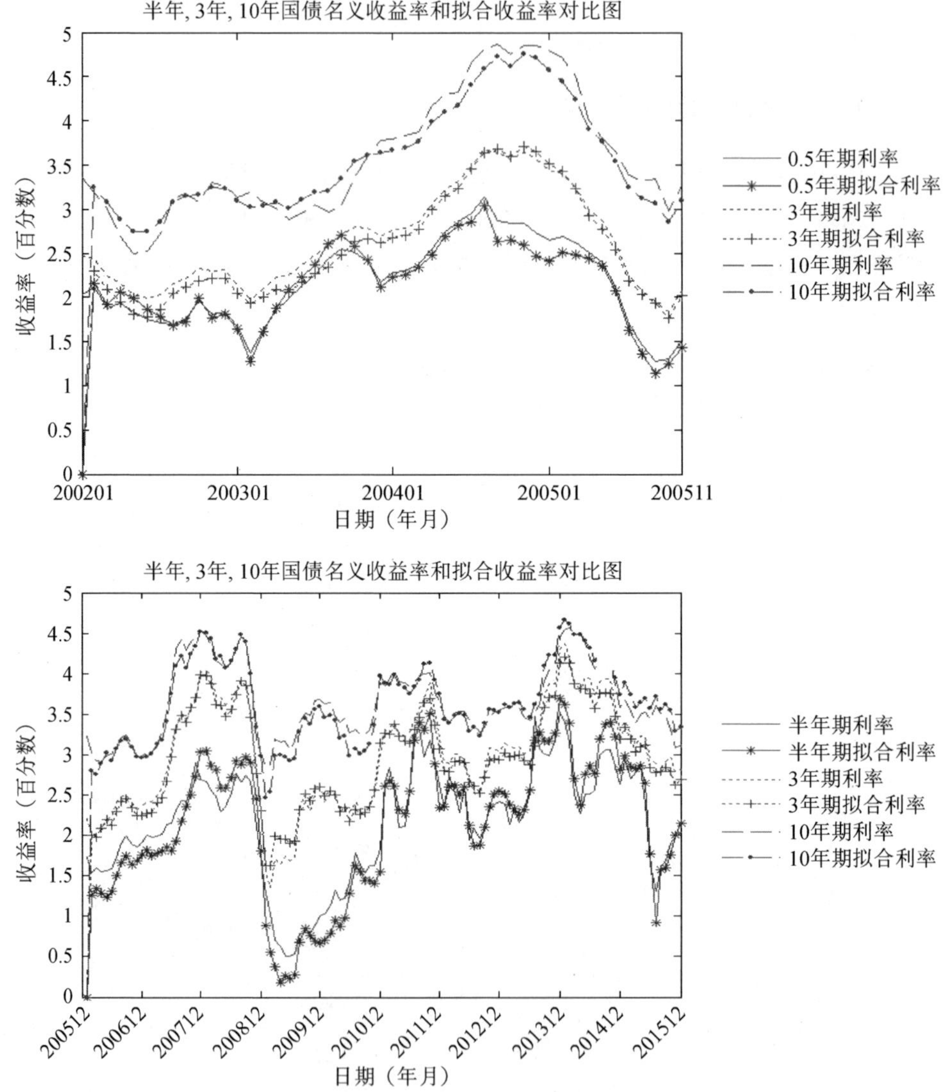

图 3.1　两组子样本的名义收益率曲线和拟合收益率曲线

表 3.3、表 3.4 分别为子样本 A 和 B 的参数估计值，显示了两组样本估计结果有共同之处。对于因子动态，水平因子 ρ_L 在两组样本中均接近

1，说明我国债券市场主观感知的通胀预期有很强的惯性；ρ_s 的值都达到 0.9 以上，即我国利率有很强的平滑倾向；两组 ρ_u 值虽然显著，但相对较小，说明我国央行对产出和通胀以外其他相关信息反应很小，货币政策持续性主要源于利率惯性；$(1-\rho_s)$ 与 g_π，g_y 相乘后得到货币政策反应系数，两组样本中估计值均在 5% 水平上显著，A 组对通胀偏离和产出缺口的反应系数为 0.2346 和 0.2539，B 组对应值为 0.222 和 0.1974；各个因子的波动率均显著。关于通胀动态，两组 μ_π 都不显著，表明代理人的预期通胀目标对我国当前通胀率几乎不具有影响；$\alpha_{\pi1}$ 在两组样本中均显著且估计值分别为 1.1247 和 1.1401，说明通胀率滞后一期值对我国当期通胀率具有显著的主要影响；两组 α_y 均显著且为正，说明通货膨胀率与产出缺口之间呈正相关关系，产出缺口的增大（减小）将引起通货膨胀率的上升（下降）。对于产出动态，两组 μ_y 均显著，值为 0.5510 和 0.5242，产出一期滞后值系数为 0.4113 和 0.4277，表明产出缺口的预期值和滞后项对当前产出缺口均有影响，且影响程度相当；两组 β_r 为正但较小，说明真实利率与产出缺口之间呈负相关关系，真实利率增大（减小）会引起产出缺口减小（增大）。最后两组样本的风险价格系数都显著不为 0，同样表明我国国债利率期限结构不满足理性预期假说，投资者对交易中存在的风险要求有相应的风险补偿，这与第二节用长期利率回归方程检验的结果一致。

两组样本参数估计值也存在差异。关于因子动态，A 中的 ρ_s 小于 B 中的，反映了间断前利率持续性低于间断后；A 时期货币政策对通胀和产出缺口的反应系数均大于 B，且 A 中产出缺口反应系数略大于通胀反应系数，而 B 中情况相反，差异表明间断前央行对产出的变化更敏感，货币政策更偏向提高产能，而间断后央行希望更好地保持物价平稳；B 组 ρ_u 大于 A 组，说明间断后央行对通胀和产出以外其他相关事件的反应增强。

关于因子波动率的差异，A 组的水平因子波动率略大于 B 组近 3 个基点，反映出间断后主观通胀预期的波动性略有下降；A 中斜率因子波动率 σ_S 高出 B 组近 8 个基点，间断前货币政策波动性更强；A 组的通胀率和产出缺口波动率均略小于 B 组。关于风险价格两组样本也有明显差

表 3.4　　　　子样本 B 参数估计值

因子动态系数				风险价格参数			
ρ_L	0.9994**	ρ_u	0.0926**	λ_{0L}	0.0178**	λ_{0S}	0.0051**
	(0.0096)		(0.0087)		(0.0083)		(0.0016)
ρ_S	0.9467**	δ_0	-0.2397	λ_{LL}	-0.0011**	λ_{LS}	-0.0030**
	(0.0076)		(0.2012)		(0.00007)		(0.0012)
g_π	4.1647**	g_y	3.7034**	λ_{SL}	0.0422**	λ_{SS}	0.1751**
	(0.0761)		(0.0654)		(0.0013)		(0.0087)
通胀动态系数				因子波动率			
μ_π	0.00007	$\alpha_{\pi 1}$	1.1401**	σ_L	0.5968**	σ_y	0.3673**
	(0.0001)		(0.0023)		(0.0972)		(0.0688)
α_y	0.0241**	$\alpha_{\pi 2}$	-0.1394*	σ_S	0.7009**	α_π	0.5120**
	(0.0112)		(0.0781)		(0.1241)		(0.0410)
产出动态系数				观测误差的标准误			
μ_y	0.5242**	β_{y1}	0.8989**	σ_6	0.3511**	α_{36}	0.0926**
	(0.0032)		(0.0671)		(0.0235)		(0.0191)
β_r	0.0021	β_{y2}	0.1495**	σ_{120}	0.0901**		
	(0.0012)		(0.0078)		(0.0087)		

异，A 中 λ_0、λ_1 比 B 中对应值大，特别是 A 中的 λ_{SS} 比 B 中对应值大 0.0121，反映出我国风险溢价及其波动性随着时间变小了，早期投资者对利率风险更敏感。

以上实证结果可进一步解释我国货币政策发展进程。事实上，为了应对亚洲金融危机和国内通货紧缩，央行从 1998 年开始采取“努力发挥作用的适度宽松”货币政策，实施了多次大幅度的政策调整，使得货币政策惯性相对较低，波动率较大，主观通胀预期波动率也较大；且此阶段以提高国内生产总值为主要目标，货币当局对产出的反应大于对通胀的反应，对产出和通胀以外其他事件的反应也很小。经过数年一系列多方面的协同改革发展，我国货币政策操作规范逐渐由“相机抉择”向“规则型”转变，货币政策目标由货币供应量、社会融资总规模等数量型目标逐渐向长短期利率等价格型目标转换，因而 B 样本期水平因子波动率减小，斜率因子持续性增强，波动率减小，反映出 2005 年后我国主观通胀预期波动率减小，货币政策更加持续、平稳；且此时国内社会投资明显加快，经济活力充沛，实施 7 年的积极财政政策和稳健货币政策转为稳健财政政策和从紧货币政策，通胀水平和波动水平相较前期有所增大，央行增强了对通胀的反应，并且由于国内外经济形势更加复杂多变，此阶段央行也加强了对通胀和产出以外其他事件的反应。

3.5　检验货币政策对利率期限结构区制变动的影响

长期利率回归方程（3.1）中斜率回归系数 β_m 的显著变化表明我国国债利率具有非线性，那么 β_m 的变化主要由哪些因素引起，各个因素的影响程度以及谁是关键动因正是本节研究的内容。根据回归方程最小二乘估计原理，结合债券定价公式（3.6）—公式（3.8），我们推导出 β_m 与利率期限结构模型参数的关系为：

$$\begin{aligned}\beta_m &\equiv \frac{\mathrm{cov}[(i_{m-1,t+1}-i_{m,t}),(i_{m,t}-i_{1,t})/(m-1)]}{\mathrm{var}[(i_{m,t}-i_{1,t})/(m-1)]}\\ &= \frac{\mathrm{cov}[(B'_{m-1}F_{t+1}-B'_mF_t),(B'_mF_t-B'_1F_t)]}{\mathrm{var}[B'_mF_t-B'_1F_t]}(m-1)\\ &= \frac{(B'_{m-1}\rho-B'_m)\Omega(B'_m-B'_1)'}{(B'_m-B'_1)\Omega(B'_m-B'_1)'}(m-1) \qquad (3.21)\end{aligned}$$

式（3.21）中 β_m 由债券定价模型参数导出，其中 B'_m 是式（3.6）中债券对数价格仿射函数的系数，是债券价格的因子负载，由 ρ、Σ、λ_1 矩阵决定；Ω 为因子的方差协方差矩阵，由 ρ、Σ 矩阵决定，所以 β_m 的变化与 ρ、Σ、λ_1 三个矩阵相关。

图 3.2 描绘出两组样本中 β_m 的模型统计值和回归估计值。粗线为公式（3.21）计算出的模型统计值，细实线为方程式（3.1）中斜率系数回归估计值。结果显示样本 A 的 2 条斜率系数曲线均比样本 B 低，这是因为如表 3.1 所示，A 样本的各个期限利率斜率系数 β_m 都小于 B 中对应值。A、B 两组样本中，β_m 的模型统计值均随着期限的增加快速下降，且与相

应的回归估计值都非常接近，所以式（3.21）计算的模型统计值可以充分反映式（3.1）回归估计值的变化动态。

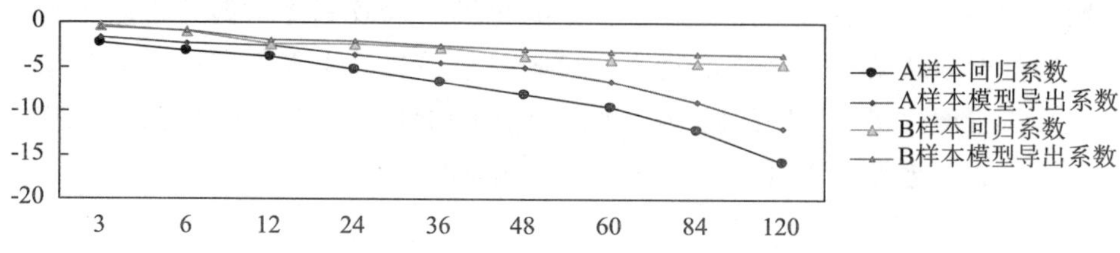

图 3.2　两组子样本 β_m 的模型统计值与回归估计值对比图

公式（3.21）揭示了斜率系数 β_m 的决定因素为 ρ、Σ、λ_1 中的参数。定量计算每个参数对 β_m 变化的影响程度，可以解释导致两组样本利率动态显著差异的关键因素。具体计算过程如下：把样本 A 中与 β_m 有关的参数依次改为样本 B 中相应值，通过计算 β_m 的变化大小来比较每个参数的影响程度。选择期限为 120 个月的国债利率作为分析对象，由于 β_m 是 m 的单调递减函数，所以结论也适用于其他期限国债。

β_m 是模型参数的非线性函数，为了考察某个参数的影响效果，需要控制其他参数。本章主要考察与 β_{120} 相关的 13 个关键参数，当计算某个参数的变化对斜率系数 β_{120} 的影响时，其他 12 个参数将有 2^{12} 种组合，如果分别计算 β_{120} 的变化值和参数贡献度后求均值计算量太大。所以本章将 13 个参数分为 3 组：因子自回归系数参数、因子波动率参数、风险价格参数，对 8 种取值分别计算后取均值，表 3.5 显示模型参数改变对 β_{120} 的平均影响和平均贡献度。

当我们把样本 A 中 3 组参数同时替换为样本 B 中对应值后，β_{120} 上升了 8.321，这再一次验证了两组样本中 β_{120} 发生了显著性变化。表 3.4 显示 13 个参数影响程度不一，其中产生较大影响的是 ρ_S，λ_{SL}，λ_{SS}，σ_S。斜率因子系数 ρ_S 从样本 A 中值变化为样本 B 时引起 β_{120} 较大幅度地下降了 2.064，平均贡献度为 -25.1；而水平因子的波动率 σ_L 和斜率因子的波动率 σ_S 的变动对 β_{120} 的影响方向相反，分别下降 0.739 和上升 1.951，平均贡献度为 -8.9 和 23.4；通胀波动率 σ_π 和产出波动率 σ_y 的影响作用微弱；风险价格系数的改变导致 β_{120} 大幅上升，尤其是与斜率因子有关

的风险价格系数 λ_{SL}，λ_{SS}的变化对 β_{120} 发挥了决定性作用，为 β_{120} 的上升提供了 27. 5 和 75. 1 的平均贡献度；为了检验 A 样本较小的通胀反应系数对结构间断是否也有影响，本章把 g_π 减小一半计算其影响度，但只是使 β_{120} 降低 -0. 028，影响非常有限。对比表 3. 4 贡献度可以看到，参数 λ_{SS} 对 β_{120} 的上升起到了关键的决定性作用，是我国国债利率期限结构具有非线性的关键动因。

表 3. 5　　模型参数的改变对 β_{120} 的平均影响和平均贡献度

参数（A→B）	A 参数→B 参数	ρ_L	ρ_S	ρ_U	g_π	g_y	$g_\pi \to 0.5^* g_\pi$
对 β_{120} 的平均影响	8. 321	0. 361	-2. 064	-0. 078	0. 016	-0. 0083	-0. 028
对 β_{120} 平均贡献度	(100)	(4. 3)	(-25. 1)	(-0. 9)	(0. 2)	(-0. 1)	(-0. 3)
参数（A→B）	λ_{LL}	λ_{LS}	λ_{SL}	λ_{SS}	σ_L	σ_S	σ_y	σ_π
对 β_{120} 的平均影响	0. 165	-0. 083	2. 291	6. 2408	-0. 739	1. 951	0. 336	-0. 023
对 β_{120} 平均贡献度	(2. 1)	(-1. 1)	(27. 5)	(75. 1)	(-8. 9)	(23. 4)	(4. 1)	(-0. 3)

表 3. 5 定量计算结果表明，由于样本 A 中斜率因子的风险价格系数比样本 B 中对应值大，所以当给定因子波动率水平时，会生成更加波动的时变风险溢价，同时样本 A 中更大的斜率因子波动率在一定程度上又增强了这种效果，这两个因素叠加起来使得 A 样本期对预期假说的偏离更大。但 A 中斜率因子自回归系数 ρ_S 比 B 小，对预期假设的偏离产生了反向拉动作用，部分程度地抵消了以上两因素的影响，这三种因素的综合影响使得 A 样本的利率斜率系数 β_m 显著不同于 B，样本发生了结构性间断。这表明与货币政策相关的风险补偿变化和货币政策稳定性变化是我国利率期限结构发生变化的主要影响因素，其中与货币政策相联系的斜率因子风险价格的减小是我国国债利率期限结构具有非线性的关键动因。

事实上，我国银行间债券市场于 1999 年 9 月才开始实施招标发行，所以 A 样本期间债券市场定价机制还不够完善，市场交易品种有限，二级市场交易贫乏，利率风险抵御和风险对冲能力较弱，风险价格高。且此期间央行推行多项改革，货币政策波动大（更大的 σ_S）。在这样的背景下，央行货币政策波动对国债市场的影响很大，投资者对货币政策波动要求更多的风险补偿（较大的 λ_{SS}），所以2006年前我国国债市场偏离预期假说的程度较大。2005年以后，金融市场利率风险防范措施和货币政策波动率都发生了较大的转变。随着利率市场化程度加深，债券价格越来越受市场供求关系的影响，货币政策等政策性因素的影响逐步减弱。上市公司股权分置改革（股改）、汇率改革（汇改）、权证上市交易等重大改革事件极大地促进了我国资本市场的价格发现功能的实现，丰富了投资者利率风险管理意识和风险控制工具，市场风险价格开始降低。且B样本期间货币政策波动降低（更小的 σ_S），市场预期比前期稳定。因而2005年后投资者减少了对货币政策波动的风险补偿要求（较小的 λ_{SS}），导致国债利率市场偏离预期假说的程度锐减，利率期限结构发生显著性结构变化。

3.6 小结

本章实证检验得出我国国债利率期限结构在近15年并不稳定，发生了结构性变化。为了刻画宏观经济对国债收益率的影响，分析导致非线性结构的原因，本章构建了因子为新凯恩斯一般均衡结构的宏观金融模型，潜在因子具有丰富的宏观经济含义。其中“水平”因子解释为投资人预期的通胀目标，“斜率”因子解释为央行货币政策行为。此外，在泰勒规则中增加了除通胀和产出以外的其他序列相关事件，借助利率期限结构刻画和识别出导致货币政策持续的两种不同来源：利率自身惯性和央行应对其他相关事件连续冲击的反应。单独估计泰勒规则由于信息缺乏无法准确识别。实证研究结果发现：

第一，通过对10种不同期限的利率回归方程做Quandt - Andrews和Chow检验，以及对拒绝变化假设的两组利率进一步做似不相关回归后联合检验回归斜率系数，得出在5%显著水平下我国国债利率期限结构于2005年11月发生结构变化，间断前后两组子样本的斜率系数发生了显著性变化；回归方程检验结果也说明，预期假说理论在我国国债市场并不成立。间断前利率的斜率回归系数小，并且斜率因子风险价格显著大于间断后，这两个结果一致表明，间断前利率期限结构对预期假设的偏离程度显著大于间断后。

第二，两组子样本的宏观金融模型估计结果表明，我国债券市场主观通胀预期有很强的惯性；利率自身具有很强的平滑倾向，央行对除产出和通胀以外其他相关冲击反应较小，货币政策持续性主要源于利率自身惯性；我国通胀率几乎不受主观通胀预期的影响，通胀滞后值是其主要影响因素。两组子样本也呈现出显著差异。间断前斜率因子的自回归系数小，反映出间断后利率持续性增强，水平因子和斜率因子的波动率大，反映出前期通胀预期和货币政策波动大；间断后斜率因子的波动率及风险价格随着时间下降了，斜率因子的动态演变反映出 2005 年后央行希望更好地控制物价，并且加大了对通胀和产出以外其他相关事件冲击的反应。

第三，通过定量计算两组子样本宏观金融模型参数值的变化对结构间断的影响，得出 λ_{SS}和 σ_s 的变化是导致结构非线性的主要因素，其中斜率因子风险价格 λ_{SS}的减小是关键动因。斜率因子在模型中与央行货币政策相关，间断前由于投资者对风险抵御能力较低，货币政策波动大，对货币政策的波动更敏感，表现出对货币政策波动风险要求更多的补偿（较大的 λ_{SS}），利率偏离预期假设程度大。随着利率市场化进程的推进以及上市公司股权分置改革、汇率改革、权证重返股市、银行全面开放等革新使投资者的投资理念随之更加丰富和理性，开始将价值投资与风险控制结合起来，积极利用推出的金融工具对冲利率风险。因而 2005 后，投资者利率风险管理能力增强，且此时货币政策波动率也减小，从而降低了与货币政策波动相关的风险溢价（较小的 λ_{SS}）。减小的风险溢价使国债利率市场偏离预期假说的程度锐减，利率期限结构发生显著性结构变化。

因而，从实证分析结果可以得出稳定利率期限结构的关键是降低债券市场的风险水平，尤其是货币政策波动生成的风险溢价。相关建议有：(1) 货币当局应保持货币政策稳定性，以降低因政策波动而引起的投资者对未来预期不确定性所要求的风险补偿。(2) 继续深化利率市场化改革，使国债收益率曲线更好地反映市场资金供求关系，减小政策性波动对价格的冲击与影响。（3）从 2005 年一系列金融改革事件对债券市场风险价格的影响可以得出，有效管理利率风险对稳定期限结构非常重要。因而本章建议建立一个以管理利率风险为核心的，以利率期货、期权为主的、更健全和多元的利率衍生品市场，为市场参与者提供更多对冲利率风险的工具，这对稳定我国债券市场价格，促进金融市场繁荣稳定发展具有重要意义。

第4章

最优货币政策的操作规范对国债收益及其风险的影响

4.1 研究背景

经济发展新常态下，我国货币政策调控方式转换面临多元目标下的随经济增速变化的被动的相机抉择（含有部分规则操作）向单一目标的主动的承诺规则转型。两种操作规范下债券收益率和风险溢价动态的差异是一个非常值得关注的问题。债券作为一种投资风险较低的金融证券，其风险溢价水平与货币政策、宏观经济具有紧密的关联，因而是衡量金融市场风险，测度市场预期，预测宏观经济形态的重要指标。厘清货币政策对债券风险溢价的作用机制，准确评估货币政策对债券风险溢价的影响效力，可以进一步提升货币政策对经济金融的调控效果。

在货币政策调控规范研究领域，作为货币政策的两种不同操作范式，相机抉择和事先承诺制之争一直备受争议，也成为货币主义学派与凯恩斯学派对货币政策主张差异的焦点。相机抉择范式下，政策目标只考虑当期影响，而缺乏对未来经济指标的预先保证和承诺。而事先承诺制下，货币政策不仅影响当期经济，且承诺未来较长一段时间内盯住某个目标不变，因此政策信誉和可信度相对较高。自从动态不一致性理论（Kydland 和 Prescott，1977）得到广泛认可之后，多数发达经济体的中央银行尝试采用事先承诺制，它以未来通货膨胀为承诺目标，以政策规则（主要是泰勒规则）为操作准则。

为维持经济的高速增长，我国货币政策操作规范多年来主要采用的是以经济增速变化为决策依据的相机抉择，而且具有数量型调控和被动调控的特征。经济新常态下，相机抉择的货币政策受到诸多挑战，稳态经济增长要求从多目标、数量型、被动相机抉择向主动价格型货币规则转变。但在我国当前经济金融环境下，仍然尚未清晰两种政策操作规范对我国债券市场的影响机理，尚未有相关理论模型分析和数量实证结果。因此，本章的主要目标是研究不同操作规范和政策可信度下，最优货币政策对我国债券收益、风险溢价的影响机制，这对推进货币政策框架转型、预测转型影响和效果、把握调控时机、掌控调控力度具有一定的理论和实践参考意义。

为了研究最优货币政策可信度对债券市场的影响机制，我们需要明晰传导渠道，传导的强弱和方向，为此我们构建了动态因子和随机折现因子都采用结构形式的无套利结构型动态随机一般均衡模型来内生化风险溢价。本章的DSGE模型基于家庭、企业、央行最优行为，随机折现因子是从家庭效用最大化行为导出的跨期边际效用比，它与超额收益的协方差描述风险溢价（Campbell，1986；Wachter，2006）。采用无套利定价思想，设债券收益和风险溢价均为宏观因子的仿射函数，因子约束于线性化后的DSGE宏观均衡结构，收益率约束于无套利定价。在求解DSGE模型时，往往通过高阶逼近才可以得到时变风险溢价（Rudebusch、Sack和Swanson，2007；Rudebusch 和 Swanson，2008；Bhordahl、Tristani 和 vestin，2006；Wu，2006；Rudebusch 和 Wu，2007），至少需要求出三阶近似解。一阶解的长短期收益率均值相等，所以是无风险溢价，二阶解的风险溢价为常数，从三阶解中才可以获得时变风险溢价（刘澜飚，沈鑫等，2014），因此求解过程较复杂。本章与其他研究不同，并未用此方法捕捉风险溢价的时变性，而是通过刻画宏观冲击随机波动的时变特征来捕捉时变风险溢价，大大降低了模型求解的复杂性。

对两种政策操作规范的设置主要依据政策可信度对代理人预期的影响能力不同而分别定义。在相机抉择下，货币当局无法影响家庭和企业预期，因此把宏观预期设置为已知给定。而在承诺制下，如果货币当局信誉好，则政策完全可信且能影响公众预期，因此把宏观预期设置为未知。模型参照 Clarida 等（1999）设置标准的货币政策框架，均衡债券收益依赖于政策调控方式、居民偏好以及生产参数等。与 Campbell 和 Cochrane（1999）、Wachter（2006）设置相似，我们在偏好中加入外生习惯形成，从而得到了向上倾斜的收益曲线和时变风险溢价。

本章借助上述建模思想和方法，沿承国外学者对利率期限结构相关问题的分析逻辑，创新性地在动态随机一般均衡框架中，研究相机抉择和事先承诺制两种不同货币政策操作规范对我国债券收益和风险溢价的影响机理，拓展了国内对这一领域的研究。通过理论分析和数理实证得出了不同操作规范的政策可信度对产出、通胀和债券收益的影响差异。在垄断竞争环境下生产部门的名义价格刚性使得货币政策会影响真实经济，最优货币政策决定产出增长和通胀稳定之间的权重，同时产出和通胀还受各种随机冲击源源不断的影响，且影响程度取决于政策的可信度。债券溢价是宏观经济变量和随机冲击的函数，货币政策的最优属性及政策信誉决定了宏观环境和冲击对消费的边际效用、随机折现因子、债券回报的净影响，因此政策可信度同时也决定了风险溢价的大小和符号。

从直觉上理解，货币政策和利率期限结构应该具有紧密的联系，但金融经济学文献在分析利率期限结构时往往忽视货币政策对短期利率的影响，而货币经济学文献通常又不关注货币政策对长期利率的影响，因此两者相互作用机制的研究成果尚不丰富，尤其鲜有关于货币政策风险溢价传导渠道的研究。

早期实证研究的目的主要是识别宏观经济变量和货币政策对收益曲线的影响，如 Ang 和 Piazzesi（2003）、Piazzesi（2005）研究了相对于潜因子模型、经济信息和货币政策如何能改进收益曲线的实证拟合效果。Ang、Piazzesi 和 Wei（2005）、Diebold、Rudebusch 和 Aruoba（2005）对收益曲线的水平、斜率和曲率因子提供了宏观解释。Diebold 等（2005）总结了利率、宏观变量和货币政策联合动态的实证与理论基础。与此同时，货币政策文献也从利率期限结构研究中借鉴了无套利思想，Bikbov和 Chernov（2006）、Ang 等（2007）认为债券定价的无套利条件可以作为识别和估计货币政策的额外限制，并识别出了货币政策的系统性成分。

随着结构宏观模型的研究与广泛应用，基于结构型宏观—金融建模思想来联系货币政策与利率期限结构的方法为相关实证研究提供了新的理论基础。宏观金融框架下的利率期限结构是宏观因子的仿射无套利函数，因子受新凯恩斯结构或动态随机均衡模型约束，随机折现因子或者基于随机统计模型，或者基于均衡定价，从家庭效用最大化行为中导出，它与超额收益的协方差可以描述风险溢价，此类模型由于具有丰富的经济含义，备受研究学者青睐。相关研究如 Bekaert、Cho 和 Moreno（2005）、Hördahl、Tristani 和 Vestin（2006）、Wu（2006）、Rudebusch 和 Wu，（2007）通过结构宏观模型把货币政策和期限结构连接起来，对无套利期限结构因子增加了额外的宏观结构限制。但不足之处是这些结构模型无法捕捉风险溢价的时变性。Bekaert、Cho 和 Moreno（2010）将前瞻型新凯恩斯模型与最大化效用导出的随机折现因子结合起来，使随机折现因子与总需求方程一致起来，通过对非线性均衡解高阶逼近得到时变风险溢价（Rudebusch、Sack 和 Swanson，2007；Rudebusch 和 Swanson，2008；Bhordahl、Tristani 和 vestin，2006；Wu，2006、Rudebusch 和 Wu，2007），但研究中并未考虑货币当局希望社会福利损失最小化行为对债券收益的影响。

DSGE 模型可用于政策分析，但由于投资者可以平滑其消费，很难刻画较大的风险溢价。标准 New Keynesian 模型中描述的风险溢价也很小。Jules H. van Binsbergen 等（2015）在 DSGE 模型中加入了 Epstein—Zin 偏好解释了收益曲线。Azamat Abdymomunov 和 Kyu Ho Kang（2015）在 DSGE 模型中分析了货币政策的区制转移对利率期限结构的影响。Timothy S. Fuerst（2015）将外生的风险溢价加入到 DSGE 模型中，在两种偏好下分析了货币政策。如果风险溢价是外生的，那么风险溢价的更深层次的来源无法解决，则影响利率期限结构和货币政策规则的深层次原因也无法研究。如果风险溢价影响长期利率，那么对货币政策规则来说，能使风险溢价变化的政策渠道将会更加有意义。所以，建立内生化风险溢价模型，在这种情况下探索货币政策如何反应，就显得尤为重要。

研究认为，预期假说偏离、时变风险溢价和货币政策规则三者具有一致性。为了解释货币政策对债券预期超额回报时变性的影响，Gallmeyer 等（2005）构建了包含时变风险溢价的仿射期限结构模型，货币政策设置为一个反应函数。Ravenna 和 Seppälä（2007）建立了生成时变风险溢价的新凯恩斯模型，得出货币政策的系统性成分可以解释预期假说不成立。Buraschi 和 Jiltsov（2005）发现时变通胀风险溢价和货币政策冲击对于解释预期假说的偏离很重要。

国内谢赤、董华香（2005）讨论了货币政策对利率期限结构的影响方式。姚余栋、谭海鸣（2011）利用无套利高斯仿射模型分离出中长期通胀预期，为货币政策制定提供了重要参考。近年来利用宏观金融动态随机一般均衡模型研究期限结构和货币政策关系的研究主要有袁靖、陈国进（2015），刘喜和、冯士龙、郝毅（2015），刘澜飚、沈鑫、王博（2014），王雪标等（2013），王雪标、王新翠、周生宝等（2014）。这些研究的不足是强调了 DSGE 在分析宏观经济变量内生形成机理的作用，而忽略了利率期限结构的微观形成及定价机理。没有关注利率期限结构、风险溢价与货币政策规则的动态联系。

总之，国内外已有的文献研究都未解释最优货币政策的福利含义，以及政策可信度对利率收益和风险溢价均衡特征的影响。因此，本章拟将采用结构宏观模型与无套利期限结构模型结合的方法，在无套利条件下分析我国央行最优货币政策规则、政策信誉对债券风险溢价、利率期限结构的作用机制。

4.2　嵌入 DSGE 结构的宏观—金融模型

本章参考 Woodford（2003）、Francisco Palomino（2012）构建了带有名义刚性的动态随机均衡模型，刻画了长期债券风险补偿和最优货币政策之间的关联，分别在相机抉择和事先承诺制两种不同的货币政策操作规范下，解出了均衡时的产出增长、通胀、债券收益率和风险溢价。债券风险溢价为长期债券相对于名义无风险利率的预期超额回报，是债券持有者对经济风险索求的补偿。根据均衡的资产定价理论，模型把债券风险溢价定义为边际替代率和债券回报的协方差。所以溢价由边际替代率对风险源的敏感度（市场风险价格 λ）和债券回报对风险源 ι 的敏感度决定。

模型具有两个重要特征：居民具有持续性的习惯偏好，冲击波动具有随机时变性。这些特征使得收益率曲线向上倾斜，并且得到时变风险溢价。假定经济系统由家庭、厂商（中间部门和最终部门）、货币管理部门所构成，而劳动是减少居民的效用。企业在价格刚性和劳动力是唯一技术的垄断竞争环境中最大化利润。货币当局在相机抉择或承诺制下最小化福利损失。债券风险溢价是对三种不确定性来源的补偿：习惯偏好、生产技术和价格冲击。为简单起见，这些冲击被认为是不相关的。

4.2.1 家庭部门（总需求）

假定家庭部门是由具有连续消费和劳动供给行为的同质个体构成，且具有消费和劳动供给行为偏好，同时，他们也是生产部门的最终所有者，获得企业全部利润。家庭部门的最优决策是满足预算约束条件下的跨期效用最大化。设家庭追求无限期预期效用之和最大化：

$$\max E\Big[\sum_{t=0}^{\infty}\beta^{t}\Big(\frac{1}{1-\gamma}\frac{C_t^{1-\gamma}}{Q_t}-\frac{1}{1+\omega}\int_0^1 h_t(j)^{1+\omega}dj\Big)\Big] \tag{4.1}$$

家庭在每一期的消费水平和劳动供给之间选择权衡，使得无限期消费带来的效用和劳动损失的效用之和最大。其中 β 为跨期效用时间折现因子，γ^{-1} 和 ω^{-1} 是消费和劳动的跨期替代弹性，$h_t(j)$ $(j\in[0,1])$ 为家庭对第 j 类中间厂商的劳动供给总消费水平 C_t 定义为中间产品 $C_t(j)$ 的 Dixit - Stiglitz 连续加总 $C_t=\Big[\int_0^1 C_t(j)^{\frac{\theta_t-1}{\theta_t}}dj\Big]^{\frac{\theta_t-1}{\theta_t}}$，$\theta_t>1$ 为产品替代弹性，期望值为 θ。$C_t=\Big[\int_0^1 C_t(j)^{\frac{\theta_t-1}{\theta_t}}dj\Big]^{\frac{\theta_t-1}{\theta_t}}$ 同时也是最优利润为 0 的竞争企业的生产函数，此时最终品 Dixit - Stiglitz 价格指数为 $P_t=\Big[\int_0^1 P_t(j)^{1-\theta}dj\Big]^{\frac{1}{1-\theta}}$。

Q_t 定义为外部习惯偏好，本章参考 Fuhrer（2000）假设效用受习惯偏好影响，定义 $q_t = \log Q_t$ 为：

$$q_{t+1} = q_t + \eta \triangle \tilde{c}_t + (1 + K_q \Delta \tilde{c}_t)^{\frac{1}{2}} \sigma_q \varepsilon_{q,t+1} \tag{4.2}$$

其中，$\triangle \tilde{c}_t = \log(c_t) - \log(c_{t-1})$ 表示消费增长；η 刻画家庭对消费变化的敏感度；K_q 用来捕捉往期消费增长对偏好波动的影响；$\varepsilon_{q,t}$：*IIDN*（0，1）定义为偏好冲击。主观消费效用往往与行为习惯相关，即效用不仅取决于当期消费，也与往期消费水平有关系，且随着习惯偏好的增强对消费效用的影响也变大。长久形成的稳定的行为偏好对消费效用的影响必然要大于习惯少、"善变"的行为。习惯偏好同时也影响风险溢价，直觉上当消费水平变化时，家庭部门为了保持原有的消费习惯，会抛售或购买债券，从而引起风险溢价大小和符号的变化。理论上因为消费偏好影响消费效用，而消费边际效用影响债券折现因子，所以偏好和债券溢价存在着一定的联系，但经济环境不同（禀赋经济或生产经济），效用函数形式不同（幂次效用或 Epstein - Zin），模型线性解的近似程度不同（一阶近似或高阶逼近）等多个因素都会影响习惯偏好和债券价格及风险溢价的计量关系。Wachter（2006）设定禀赋经济中的幂次效用函数与消费和已形成的偏好水平相关，很好地解释了风险溢价之谜。但 Rudebush、Sack 和 Swanson（2007）、Rudebush 和 Swanson（2008b）在生产经济的 DSGE 模型中，同样也设定了带有习惯偏好的幂次效用，但生成的风险溢价很小。Rudebush 和 Swanson（2008a）使用 Epstein - Zin 形式的偏好就很好地捕捉了债券特征。本章在生产经济中设置习惯偏好，偏好冲击使习惯具有波动性，进而使债券风险溢价具有时变性。

家庭消费水平 C_t 不应超过劳动收入 $w_t(j)\ h_t(j)$、企业分配的生产利润 $\Psi_t(j)$ 和应缴纳的赋税 τ_t 之和，所以方程（4.1）的预算约束为：

$$E\left[\sum_{t=0}^{\infty} M_{0,t} P_t C_t\right] \leqslant E\left[\sum_{t=0}^{\infty} M_{0,t}\left(\int_0^1 w_t(j) h_t(j) dj + \int_0^1 \Psi_t(j) dj - \tau_t\right)\right] \tag{4.3}$$

$M_{t,t+n} > 0$ 是把 $t+n$ 时的现金流折现到 t 时的折现因子；P_t 为消费品价格。对家庭效用最大化问题式（4.1）求解，得到名义折现因子为：

$$M_{t,t+n} = \beta^n \left(\frac{C_{t+n}}{C_t}\right)^{-\gamma} \left(\frac{Q_{t+n}}{Q_t}\right)^{-1} \left(\frac{P_{t+n}}{P_t}\right)^{-1} \tag{4.4}$$

则 t 时刻 n 期名义债券的价格为 $b_t^{(n)} = E_t[M_{t,t+n}]$，一期名义短期利率 i_t 满足：

$$e^{-i_t} = E_t[M_{t,t+1}] = E_t[\exp(\log\beta - \gamma\Delta c_{t+1} - \Delta q_{t+1} - \pi_{t+1})] \tag{4.5}$$

其中，$\pi_{t+1} \equiv \log P_{t+1} - \log P_t$ 为通胀率。持续性习惯使得名义短期利率不仅依赖于未来消费增长和通胀预期，还依赖于当期的消费增长和偏好冲击。利用拉格朗日方法可以得到家庭部门最优化决策的欧拉方程为：$\frac{w_t(j)}{P_t} = h_t(j)^{\omega} C_t^{\gamma} Q_t$，反映了均衡时消费和劳动的折中选择，也是劳动供给的最优化条件。

4.2.2 生产部门（总供给）

4.2.2.1 最终产品厂商

本章对生产部门进行标准化建模。最终产品厂商将一系列的中间产品加工为最终品 Y_t，其生产函数为 $Y_t = \left[\int_0^1 Y_t(j)^{\frac{\theta_t - 1}{\theta_t}} dj\right]^{\frac{\theta_t}{\theta_t - 1}}$，其中 $Y_t(j)$ 是第 j 类中间产品的需求，θ_t 反映中间产品之间的替代弹性。假定最终品厂商身处一个完全充分竞争的产品市场，因此最终品价格 P_t 和中间品价格 $P_t(j)$ 当作给定，在满足其生产技术条件下利润最大化问题为 $\max\limits_{Y_t(j)} P_t Y_t - \int_0^1 P_t(j) Y_t(j) dj$。求解该最大化问题得第 j 个中间品厂商的生产需求函数为：$Y_t(j) = Y_t \left(\frac{P_t(j)}{P_t}\right)^{-\theta_t}$。

4.2.2.2 中间产品厂商

设中间厂商 j 连续分布于［0，1］区间，在 t 期生产 $Y_t(j)$ 单位的中间品以供最终品厂商生产最终品。假设中间产品市场处于垄断竞争环境，具有粘性价格特征，厂商不能决定工资率，且对其产品具有不完全定价权，在 Calvo 交错调整定价策略下最大化实际贴现利润。假定每期只有 $1-\alpha$ 比例的厂商重新定价，其余厂商根据长期平均通胀水平 Π^* 调整价格。则第 j 类中间厂商的最优价格 $P_t(j)$ 满足：

$$\max_{P_t(j)} E_t\left\{\sum_{T=t}^{\infty} \alpha^{T-t} M_{t,T}\left[(1+\tau)P_t(j)\left(\prod{}^*\right)^{T-t} Y_{T|t}(j) - w_{T|t}(j) h_{T|t}(j)\right]\right\} \tag{4.6}$$

若上次调整价格是在 t 时，那么 T 时的产出、工资和劳动供给定义为 $Y_{T|t}(j)$、$w_{T|t}(j)$ 和 $h_{T|t}(j)$，τ 是为了消除垄断竞争导致的潜在产出效率降低而给予的产出补贴。第 j 类中间品厂商需要满足需求函数和生产函数。假设 Calvo 定价机制下的需求函数为：$Y_{T|t}(j) = Y_T\left(\frac{P_t(j)(\Pi^*)^{T-t}}{P_T}\right)^{-\theta_T}$，为简便起见，生产函数设为 $Y_{T|t}(j) = A_T h_{T|t}(j)$。$A_T$ 表示全要素生产率；Δa_{t+1} 为对数生产率增长 $\Delta a_{t+1} \equiv \log A_t - \log A_{t-1}$ 服从自回归过程：

$$\Delta a_{t+1} = (1 - \phi_a) g_a + \phi_a \Delta a_t + (1 + \mathrm{K}_a \Delta a_t)^{\frac{1}{2}} \sigma_a \varepsilon_{a,t+1} \tag{4.7}$$

其中，g_a 为生产率增长的均值；K_a 捕捉生产力冲击 $\varepsilon_{a,t}$ 的时变波动性，$\varepsilon_{a,t}$：$IIDN$（0，1）。

为了方便阐述货币政策问题，我们定义产出缺口为 $x_t \equiv y_t - y_t^f - (\omega+\gamma)^{-1}\zeta_t$，捕捉当期产出对潜在产出的偏离，而习惯缺口为 $l_t \equiv q_t - q_t^f$，捕捉过去的产出对潜在产出的偏离。$y_t^f = \frac{1}{\omega+\gamma}[-q_t^f + (1+\omega)a_t - \zeta_t]$ 是潜在对数产出；q_t^f 是市场价格灵活可变时的潜在对数习惯，ζ_t 为价格冲击，捕捉价格与边际成本的偏离。则从式（4.6）企业利润最大化可推导出：

$$\pi_t - \pi^* = \kappa x_t + \frac{\kappa}{\omega+\gamma} l_t + \beta_g E_t[\pi_{t+1} - \pi^*] + \frac{\kappa}{\omega+\gamma}\zeta_t \tag{4.8}$$

式（4.8）是与新凯恩斯菲利普斯曲线相似的供给方程（AS 方程），同时还刻画了习惯偏好对通胀的影响，价格冲击与成本推动冲击的作用一致。其中，$\pi^* \equiv \log \Pi^*$；$y_t \equiv \log Y_t$；$\kappa \equiv \frac{(1-\alpha\beta_g)(1-\alpha)(\omega+\gamma)}{\alpha(1+\theta\omega)}$；

$$\beta_g = \beta \times \exp\left(\frac{(1+\omega)(1-\gamma-\eta)}{\omega+\gamma+\eta} g_a\right.$$

$$\zeta_{t+1} = \phi_\zeta \zeta_t + (1 + K_\zeta \zeta_t)^{\frac{1}{2}} \sigma_\zeta \varepsilon_{\zeta,t+1} \tag{4.9}$$

价格冲击服从（4.9）式的自回归过程，ϕ_ζ 刻画冲击持续性，波动随机性与 K_ζ 和 ζ_t 自身水平相关，$\varepsilon_{\zeta,t}$：$IIDN$（0，1）。

4.2.3　中央银行（最优货币政策）

货币当局通过操控一定的政策工具设置通胀、产出和名义短期利率以实现政策目标。在给定家庭追求其效用最大化和企业追求利润最大化的条件下，最优货币政策的目标是使社会福利损失函数最小。

$$\min \frac{1}{2}E\left\{\sum_{t=0}^{\infty}\beta_g^t\left[\left(x_t+\frac{1}{\omega+\gamma}l_t\right)^2+\frac{\theta_g}{\kappa}(\pi_t-\pi^*)^2\right]\right\} \tag{4.10}$$

其中，$\theta_g \equiv \theta(\frac{1-\alpha\beta_g}{1-\alpha\beta})$；$\beta_g=\beta\times\exp\left[\frac{(1+\omega)(1-\gamma-\eta)}{\omega+\gamma+\eta}g_a\right]$，通胀权重依赖于不同商品的替代弹性。当通胀达到通胀目标、产出缺口和习惯缺口为零时福利损失最小。损失函数中的习惯偏好刻画出了均衡时产出偏离产出目标时对家庭效用和社会福利损失的影响。

调控规范是选择实时相机抉择还是事先承诺的规则制，各国央行有不同的考虑。相机抉择的含义就在于：政府在 t 时期制定货币政策时，只需要考虑 t 期的宏观经济状况，在给定个体经济人追求其效用最大化的条件下，最优化社会福利函数，从而得出最优的政策选择。但政府在 t 期为 $t+i$ 期制定的政策，在 $t+i$ 期到来的时候该方案可能不再是最优的政策选择，即在动态的经济中，政府根据相机抉择做出的政策选择虽然当期最优，但从长期看仍然损失社会福利，往往出现动态不一致性。

事先承诺制的含义在于：政府在 t 时期制定货币政策时，不仅需要考虑 t 期的宏观经济状况，还需要预测判断未来较长一段时间的经济走向，规划未来的经济目标，进而设置主要经济变量未来预期值，并积极地、公开透明地向公众披露相关信息，甚至包括披露计划采用的政策工具、政策模型等以此引导公众，达到多期动态最优的政策目标。所以，承诺制可以解决货币政策决策的时间不一致问题。

所以两种不同调控规范的根本区别在于对公众预期的影响。在相机抉择下，当期的政策无法影响家庭和企业关于未来经济条件的预期。因此，方程（4.10）简化为单期福利损失最小，即：

$$\min \frac{1}{2}\left[\left(x^t+\frac{1}{\omega+\gamma}l_t\right)^2+\frac{\theta_g}{\kappa}(\pi_t-\pi^*)^2\right] \tag{4.11}$$

约束条件为 $\pi_t-\pi^*=\kappa(x_t+\frac{1}{\omega+\gamma}l_t)+F_t$，其中 $F_t=\beta_g E_t[\pi_{t+1}-\pi^*]+\frac{\kappa}{\omega+\gamma}\zeta_t$ 被视为既定的。而承诺制下，政策具有一定的前瞻型和可信性，

意味着会影响公众的预期。因此，最优货币政策是在方程（4.8）的约束下满足式（4.10），即使无限期福利损失之和最小。

4.2.4　市场均衡

求解约束方程下的福利损失最小函数，可以得到均衡时的产出、通货膨胀率（通胀率）和利率。相机抉择下的最优货币政策意味着均衡产出增长和通胀过程为①：

$$\Delta y_t^d = \frac{1}{\omega+\gamma}[-\Delta q_t^d + (1+\omega)\Delta a_t] - \theta_g \Delta\pi_t^d \tag{4.12}$$

$$\pi_t^d = \pi^* + \upsilon_\zeta^d \zeta_t, \text{其中 } \upsilon_\zeta^d = \frac{\kappa}{(\omega+\gamma)(1+\kappa\theta_g - \beta_g\phi_\zeta)} \tag{4.13}$$

式（4.12）可以看到均衡产出增长具有持续性，且与通胀变化负相关，即通胀上升，产出下降，反之通胀降低，产出增加，相关程度取决于不同商品的替代弹性 θ_g。式（4.13）表明相机抉择下均衡通胀对通胀目标的偏离等于价格冲击的倍数，这意味着通胀的持续性成分等于冲击的持续性成分。

事先承诺制下最优货币政策意味着产出增长和通胀过程服从②：

$$\Delta y_t^c = \frac{1}{\omega+\gamma}[-\Delta q_t^c + (1+\omega)\Delta a_t] - \theta_g(\pi_t^c - \pi^*) \tag{4.14}$$

$$\pi_t^c = (1-\phi_\pi^c)\pi^* + \phi_\pi^c \pi_{t-1}^c + \upsilon_\zeta^c \Delta\zeta_t \tag{4.15}$$

其中，$\phi_\pi^c = \frac{1}{2\beta_g}\left[1+\kappa\theta_g+\beta_g - \sqrt{(1+\kappa\theta_g+\beta_g)^2 - 4\beta_g}\right]$；

$$\upsilon_\zeta^c = \frac{\kappa}{(\omega+\gamma)(1+\kappa\theta_g+\beta_g(1-\phi_\pi^c-\phi_\zeta)}$$

在承诺制下，产出增长受通胀水平影响，而通胀受滞后期通胀和价格冲击变化的影响，即依赖于当期和滞后期的冲击。且由公式（4.15）可以得出此时通胀的持续性不再等于价格冲击的持续性。对比两组公式

---

①　式（4.12）、式（4.13）的推导过程参考 Francisco Palomino（2012），为了方便查阅，转录至附录 A。

②　式（4.13）、式（4.14）的推导过程参考 Francisco Palomino（2012），为了方便查阅，转录至附录 B。

可以得出承诺制下产出和通胀对当期冲击的反应均比相机抉择时小，这一点对理解不同调控规范下风险溢价差异很重要。

4.2.5 国债利率期限结构和风险溢价

折现因子 $M_{t,t+n}$ 在方程（4.4）中线性依赖于消费增长、习惯偏好和通胀水平，所以根据折现定价公式 $b_t^{(n)}=E_t[M_{t,t+n}]$，均衡状态时的债券收益率和风险溢价也应该是宏观因子的线性函数。状态因子的个数和类型、因子负载均取决于货币政策两种调控规范的选择，不同的规范下，宏观经济对金融市场影响机制不同，因此驱动债券价格变化的宏观因子不尽相同，但波动冲击的影响因素相同。定义状态因子向量 s_t 服从自回归过程：

$$s_{t+1}=\psi+\phi s_t+\psi_c\psi(s_t)\sum^{\frac{1}{2}}\varepsilon_{t+1} \tag{4.16}$$

其中，$\sum^{1/2}=diag\{\sigma_a,\sigma_\zeta,\sigma_q\}$，新息向量 $\varepsilon_t=(\varepsilon_{a,t},\ \varepsilon_{\zeta,t},\ \varepsilon_{q,t})^T$ 为生产技术冲击、产品价格冲击和习惯偏好冲击。向量 ψ、自回归系数 ϕ、波动率常数 ψ_c 与时变成分 $\psi(s_t)$ 描述了受货币政策调控方式所限的状态变量动态。定义折现因子为：

$$-\log M_{t,t+1}=\Gamma_0+\Gamma_1^Ts_t+\lambda^T\psi(s_t)\sum^{1/2}\varepsilon_{t+1} \tag{4.17}$$

式中，$\lambda^T\psi(s_t)$ 定义为折现因子对经济冲击的敏感性或风险的市场价格，因此状态变量波动的时变性成分 $\psi(s_t)$ 决定了债券风险溢价的时变性。

定义 n 期债券收益率的线性方程为：$i_t^{(n)}=-\dfrac{1}{n}\log b_t^{(n)}=\dfrac{1}{n}(A_n+B_n^Ts_t)$，把定价公式 $b_t^{(n)}=E_t\left[M_{t,t+1}b_{t+1}^{(n-1)}\right]$ 代入方程 $i_t^{(n)}=-\dfrac{1}{n}\log b_t^{(n)}=\dfrac{1}{n}(A_n+B_n^Ts_t)$，推导出迭代系数为：

$$\begin{aligned}A_n&=\Gamma_0+A_{n-1}+B_{n-1}^T\psi-\frac{1}{2}\lambda_n^T£\ \Sigma\lambda_n\\B_n^T&=\Gamma_1^T+B_{n-1}^T\phi-\frac{1}{2}\lambda_n^Tk\Sigma diag\{\lambda_n\}A\end{aligned} \tag{4.18}$$

初始条件 $A_0=0$，$B_0=0^T$，C 和 k 满足 $\psi(s_t)^2=C+kdiag\{s_tA\}$，并

且 $\lambda_n^T \equiv \lambda^T + B_{n-1}^T \psi_c$

定义n期风险溢价 $\xi_t^{(n)}$ 等于n期收益率对短期利率和远期利率预期的加权平均的偏差，$\xi_t^{(n)} \equiv i_t^{(n)} - \frac{1}{n}[i_t + (n-1)E_t i_{t+1}^{(n-1)}]$，n期债券的一期回报为 $r_{t+1}^{(n)} = -(n-1)i_{t+1}^{(n-1)} + ni_t^{(n)}$。则风险溢价满足 $n\xi_t^{(n)} = -\frac{1}{2}\mathrm{var}_t(r_{t+1}^{(n)}) - \mathrm{cov}_t(\log M_{t,t+1}, r_{t+1}^{(n)})$，说明债券风险溢价与跨期消费边际替代率（折现因子）和债券回报的协方差相关。

令债券风险溢价满足线性方程 $\xi_t^{(n)} = \xi_{A,n} + \xi_{B,n}{}^T s_t$，可推导出[①]：

$$\xi_{A,n} = -\frac{1}{2n}(\lambda + \lambda_n)^T £ \sum (\lambda_n - \lambda)$$

$$\xi_{B,n}{}^T = -\frac{1}{2n}(\lambda + \lambda_n)^T k \sum diag(\lambda_n - \lambda) A \quad (4.19)$$

$$\lambda_n^T \equiv \lambda^T + B_{n-1}^T \psi_c$$

根据从家庭效用最大化推导出的折现因子可以发现消费增长、习惯偏好和通胀是驱动债券变化的因素。习惯偏好本质是刻画往期消费情况，而在均衡状态时消费增长等于产出增长，所以根据方程（4.12）、方程（4.13）给出的相机抉择时均衡产出增长和通胀的解，再结合方程（4.2）、方程（4.7）、方程（4.9）对偏好、生产率、价格冲击的定义，可以推导出相机抉择时劳动生产率、通胀水平和产出增长这三个宏观因子的动态就可解释债券收益和风险溢价的特征。因此，相机抉择下均衡债券收益率和风险溢价方程（4.16）—（4.19）中的参数为[②]：

$$s_t \equiv (\Delta a_t, \pi_t^d, \Delta y_t^d)^T$$

$$\psi = [(1-\phi_a)g_a, (1-\phi_\zeta)\pi^*, (\frac{1+\omega}{\omega+\gamma})(1-\phi_a)g_a - (1-\phi_\zeta)\theta_g \pi^*]^T$$

$$\phi = \begin{bmatrix} \phi_a & 0 & 0 \\ 0 & \phi_\zeta & 0 \\ \frac{1+\omega}{\omega+\gamma}\phi_a' & \theta_g(1-\phi_\zeta) & -\frac{\eta}{\omega+\gamma} \end{bmatrix}$$

① 式（4.19）的推导过程参考Francisco Palomino（2012），为了方便查阅，转录至附录C。

② 式（4.20）本书进行了推导，详细过程见附录D。

$$\psi_c=\begin{bmatrix}1 & 0 & 0\\ 0 & \upsilon_\zeta^d & 0\\ \frac{1+\omega}{\omega+\gamma} & -\theta_g\upsilon_\zeta^d & -\frac{1}{\omega+\gamma}\end{bmatrix}$$

$$\psi(s_t)=diag\{(1+K_a\Delta a_t)^{1/2},(1-K_\zeta\frac{\pi^*}{\upsilon_\zeta^d}+\frac{K_\zeta}{\upsilon_\zeta^d}\pi_t^d)^{1/2},(1+K_q\Delta y_t^d)^{1/2}\}$$

$$\Gamma_0=-\log\beta+(1-\phi_\zeta)(1-\gamma\theta_g)\pi^*+\frac{1+\omega}{\omega+\gamma}(1-\phi_a)\gamma g_a$$

$$\Gamma_1=\left[\frac{1+\omega}{\omega+\gamma}\gamma\phi_a,\phi_\zeta+\gamma\theta_g(1-\phi_\zeta),\frac{\eta\omega}{\omega+\gamma}\right]^T$$

$$\lambda=\left[\gamma\frac{1+\omega}{\omega+\gamma},\upsilon_\zeta^d(1-\gamma\theta_g),\frac{\omega}{\omega+\gamma}\right]^T$$

$$£=diag\ \{1,\ 1-K_\zeta\frac{\pi^*}{\upsilon_\zeta^d},\ 1\}$$

$$\mathrm{k}=diag\ \{K_a,\ \frac{K_\zeta}{\upsilon_\zeta^d},\ K_q\}$$

$$\mathrm{A}=\mathrm{I}_{(3\times3)} \tag{4.20}$$

根据方程（4.14）、方程（4.15）给出的承诺制时均衡产出增长和通胀的解，再结合方程（4.2）、方程（4.7）、方程（4.9）对偏好、生产率、价格冲击的定义，可以推导出承诺制下劳动生产率、通胀水平、产出增长和价格冲击四个因子刻画均衡债券收益和风险溢价的动态，此时均衡债券收益率和风险溢价方程（4.16）—（4.19）中的参数为①：

$$s_t\equiv\ (\Delta a_t,\ \zeta_t,\ \pi_t^c,\ \Delta y_t^c)^T$$

$$\psi=\left[(1-\phi_a)g_a,0,(1-\phi_\pi^c)\pi^*,(\frac{1+\omega}{\omega+\gamma})(1-\phi_a)g_a+\theta_g\phi_\pi^c\pi^*\right]^T$$

① 式（4.21）本书进行了推导，详细过程见附录E。

$$\phi = \begin{bmatrix} \phi_a & 0 & 0 & 0 \\ 0 & \phi_\zeta & 0 & 0 \\ 0 & -\upsilon_\zeta^c\ (1-\phi_\zeta) & \phi_\pi^c & 0 \\ \dfrac{1+\omega}{\omega+\gamma}\phi_a & \upsilon_\zeta^c\theta_g\ (1-\phi_\zeta) & -\theta_g\phi_\pi^c & -\dfrac{\eta}{\omega+\gamma} \end{bmatrix}$$

$$\psi_c = \begin{bmatrix} 1 & 0 & 0 \\ 0 & 1 & 0 \\ 0 & \upsilon_\zeta^c & 0 \\ \dfrac{1+\omega}{\omega+\gamma} & -\upsilon_\zeta^c\theta_g & -\dfrac{1}{\omega+\gamma} \end{bmatrix}$$

$$\psi(s_t) = diag\{(1+K_a\Delta a_t)^{1/2},(1+K_\zeta\zeta_t)^{1/2},(1+K_q\Delta y_t^c)^{1/2}\}$$

$$\Gamma_0 = -\log\beta + [1-\phi_\pi^c(1-\gamma\theta_g)]\pi^* + \frac{1+\omega}{\omega+\gamma}(1-\phi_a)\gamma g_a$$

$$\Gamma_1 = (\frac{1+\omega}{\omega+\gamma}\gamma\phi_a,(\phi_\zeta-1)(1-\gamma\theta_g)\upsilon_\zeta^c,\phi_\pi^c(1-\gamma\theta_g),\frac{\eta\omega}{\omega+\gamma})^T$$

$$\lambda = (\gamma\frac{1+\omega}{\omega+\gamma},\upsilon_\zeta^c(1-\gamma\theta_g),\frac{\omega}{\omega+\gamma})^T$$

$$£ = \mathrm{I}_{(3\times3)},\ K = diag\ \{K_a,\ K_\zeta,\ K_q\}$$

$$A = \begin{bmatrix} 1 & 0 & 0 & 0 \\ 0 & 1 & 0 & 0 \\ 0 & 0 & 0 & 1 \end{bmatrix} \tag{4.21}$$

4.3　相机抉择和承诺规则制对宏观经济和利率期限结构影响的理论分析

本章模型把债券价格、风险溢价和最优货币政策联系起来。家庭追求效用最大的行为决定了产出的需求曲线（IS 方程），厂商追求利润最大化的行为决定了产出的供给曲线（AS 方程），央行在产出需求和供给条件约束下追求社会福利损失最小的行为决定了最优货币政策。但央行的偏好是追求当期政策最优（相机抉择制），还是盯住一个或几个事先承诺的经济目标不变，追求长期政策最优（事先承诺制）是两种不同的货币政策操作规范。不同的规范下，政策可信度不同，对公众的预期影响不同，因而均衡产出和通胀动态特征不同，且经济冲击对宏观变量的波动影响也不同。

图4.1描绘出最优货币政策对债券风险溢价的作用机制。最优货币政策决定了产出和通胀的折中权重，而产出、通胀、宏观冲击等宏观条件是驱动债券价格变化的主导因素，因此债券收益率、冲击的风险价格、债券回报对冲击的敏感性以及对冲击风险索求的溢价均与央行货币政策操作规范相关。本章我们根据上述模型均衡解从理论上对比分析相机抉择下和承诺制下产出、通胀水平、风险价格、债券价格和风险溢价的动态特征差异。

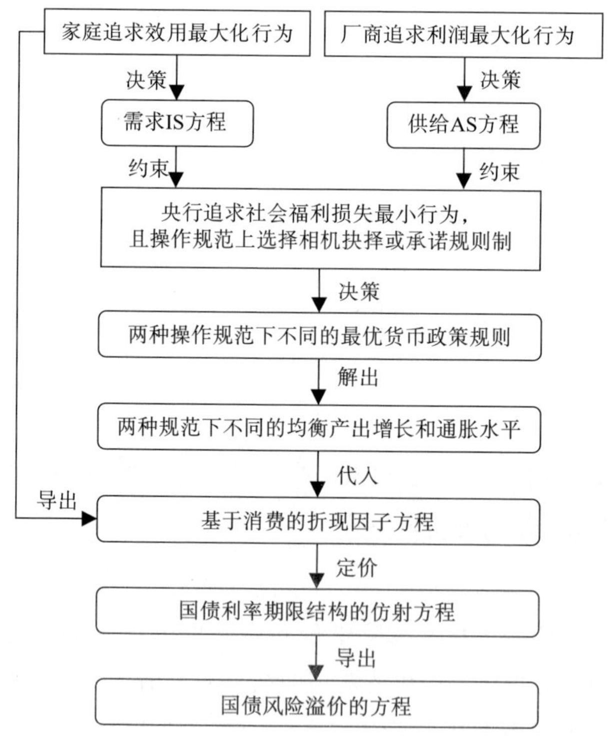

图4.1 最优货币政策的操作规范对国债风险溢价的作用机制

4.3.1　政策操作规范对产出增长和通胀水平的影响

从式（4.12）—（4.15）可以看到虽然两种操作规范下产出增长、通胀的均值没有差异，分别为$\frac{1+\omega}{\omega+\gamma+\eta}g_a$和$\pi^*$，但持续性冲击对波动的影响有显著差异。产出增长的自相关性随着政策信誉提高而增加，波动率反而减小。承诺制下的变化总小于相机抉择时，因此政策可信性越高，产出越稳定。通胀的持续性随着政策可信性提高而减小。相机抉择下通胀继承了价格冲击的自相关属性，一阶自相关系数为ϕ_ζ，而承诺制下自相关系数减少为$\phi_\zeta-\frac{1}{2}(1-\phi_\pi^c)(1+\phi_\zeta)$。理论推导出的差异与经济解释一致。在相机抉择下，政府对通胀的控制力较弱，因此容易发生居高不下的“通胀”或难以走出的“通缩”，因而持续性强。而承诺制下政府为了保持公信力会履行承诺，所以会迅速把偏离的通胀控制在目标值上，因此具有较小的持续性。

两种规范下，偏好和技术冲击对产出增长的影响不变，但相机抉择时价格冲击对产出的影响要大于事先承诺制（$v_\zeta^c<v_\zeta^d$），且习惯加强了冲击对产出影响的持续性。两种规范下，偏好和技术冲击均不影响通胀，只有价格冲击影响通胀，但同样地相机抉择时的影响要大于事先承诺制（$v_\zeta^c<v_\zeta^d$）。总之，承诺制下产出和通胀对价格冲击敏感性的降低（$v_\zeta^c<v_\zeta^d$）使得货币政策可信度提高，社会福利增加，宏观稳定性增强。

4.3.2　政策操作规范对风险市场价格的影响

折现因子方程（4.17）中的$\lambda^T\psi(s_t)$项刻画了生产技术、产品价格和习惯偏好冲击的风险价格，λ项捕捉最优货币政策对平均常数风险价格的影响，而$\psi(s_t)$项捕捉风险价格的时变成份。从方程（4.20）和方程（4.21）给出的λ向量和$\psi(s_t)$矩阵可以得出货币政策操作规范影响其中某些元素的大小和符号。对于λ向量，最优货币政策和可信度不影响生产技术和习惯偏好冲击的平均风险价格，但影响价格冲击的市场风险价格大小和符号，其在承诺制下的绝对值低于相机抉择时（$v_\zeta^c<v_\zeta^d$）。究其

原因在于承诺制下产出和通胀对价格冲击的反应小，边际消费效用受此冲击的影响也小，因此投资者索求的冲击风险补偿（绝对值）更低。风险的符号依赖于消费的跨期替代弹性 γ^{-1} 和不同商品的替代弹性 θ_g 的大小，同时 θ_g 也是福利函数中通胀的相对权重。

单位价格上涨冲击引起通胀增加，消费的边际效用减少，同时引起产出减少，更低的产出会增加消费的边际效用。如果消费的跨期替代弹性小于商品的替代弹性（即 $\gamma\theta_g>1$），那么产出对边际效用正的影响就大于通胀对效用负的影响，此时边际效用升高，折现因子等于边际效用之比增大了，因此债券价格就会降低，相应的投资回报就增大了。此时债券作为消费对冲，在正向价格冲击下投资者愿意在负的风险补偿下持有它们。反之，如果 $\gamma\theta_g<1$，正向价格冲击导致边际效用下降，债券价格上涨，回报降低，此时投资者为了对冲通胀风险持有债券，必然要求正的风险补偿。

ψ（s_t）是技术、价格、偏好冲击的时变波动成分，它也会引起债券风险价格的时变波动。其中 Δa_t 和 ζ_t 冲击风险价格的时变性完全由 Δa_t 和 ζ_t 自身水平决定，不受货币政策影响。q 冲击风险价格的时变性受 $\sqrt{1+K_q\Delta y_t}$ 影响，正如前文分析产出增长受货币政策可信度影响，因此两种操作规范下偏好风险价格的波动性不同。当产出增长受到一单位涨价冲击时，产出下降幅度随政策可信度提高而下降。因此，若 $K_q<0$，则相机抉择下偏好溢价增加幅度大，反之若 $K_q>0$，则相机抉择下偏好风险价格降低幅度也大。所以相机抉择下风险价格的波动性大于事先承诺制。总之，承诺制下价格冲击对产出和通胀的影响降低了，投资者相应索求的风险补偿也减小，平均风险价格的绝对值和时变波动幅度均小于相机抉择时。

4.3.3 政策操作规范对国债收益率和风险溢价的影响

模型中债券收益和风险溢价是宏观变量的无套利仿射函数，因子负载约束于家庭、厂商、央行追求的最优化行为。货币政策可信度影响公众预期，进而影响宏观经济变量对价格冲击的敏感性，所以两种调控方式下债券收益的水平值、波动率以及风险溢价存在差异。短期利率作为政策调控工具，两种方式下对宏观经济条件（产出缺口和通胀水平）的反应自然不同。承诺制下短期利率的均值和波动率均高于相机抉择时，长期利率波动降低，结论进一步说明此时宏观经济环境更加稳定，预防性储蓄动机的减少提高了平均短期利率。收益曲线形状的变化也反映了债券风险溢价的变化。

债券风险溢价与跨期消费边际替代率（折现因子）和债券回报的协方差相关。上文我们分析了政策可信度对风险价格的影响，接下来分析可信度对债券回报的影响，考虑回报对风险源的敏感度，即 $-B_{n-1}^{T}\psi_{c}\psi(s_{t})$。简单起见首先我们计算两期债券，回报对风险的敏感性等于 $B_{1}^{T}\psi_{c}$。则两种调控方式下 $B_{1}^{T}\psi_{c}$ 成分的差为：

$$\begin{pmatrix} 0 \\ \gamma\theta_{g}v_{\zeta}^{d}+(1-\phi_{\pi}^{c})v_{\zeta}^{c}+[(1-\gamma\theta_{g})\phi_{\zeta}-\theta g(\frac{\omega}{\omega+\gamma})(\eta-\frac{1}{2}\frac{\omega}{\omega+\gamma}K_{q}\sigma_{q}^{2})] \\ (v_{\zeta}^{d}-v_{\zeta}^{c})-\frac{1}{2}(1-\gamma\theta_{g})^{2}K_{\zeta}\sigma_{\zeta}^{2}((v_{\zeta}^{d})^{2}-(v_{\zeta}^{c})^{2}) \\ 0 \end{pmatrix}^{T}$$

结果显示，生产技术和偏好冲击对债券回报的影响与政策可信度无关，只有价格冲击对回报的影响与政策相关。数值计算不同期限的 $B_{n-1}^{T}\psi_{c}$ $(n>2)$，同样结论可得。因此，结合政策对风险价格影响的结论，我们可以得出政策可信度不影响生产技术和偏好冲击的风险溢价，它仅仅影响价格冲击的平均风险溢价。

4.4 相机抉择和承诺规则制对风险溢价影响的实证分析

4.4.1 参数校准

本章构建了零息国债的仿射无套利利率期限结构模型，模型因子为宏观经济变量，且约束基于家庭、厂商和央行两部门的动态随机一般均衡模型。由于宏观约束条件结构复杂，本章采用我国 2002 年 1 月到 2017

年9月季度频率宏观和债券收益率数据校准模型。校准的前提假设是在这一时期我国主要执行相机抉择（虽然含有部分规则）的货币政策，因此我们用相机抉择下的均衡特征刻画这一时期的经济现实。

参数校准主要是依据已有文献的相关研究，对于无法参考已有文献校准的参数，我们选择我国这一时期主要的经济变量，用真实数据统计值匹配模型的一阶和二阶无条件矩。校准数据产出增长使用X11季节调整后的国内生产总值（GDP）季度增长率、通胀率使用月度同比通胀率的季度平均值，央行调控的政策利率 i_t 用到期剩余期限为1个月的季度平均收益率近似，国债收益率选用1年、3年、5年、7年、10年期的零息国债到期收益率季度平均值。宏观数据来自中经网，国债收益数据来自Wind数据库。模型校准16个参数，β、γ、η、ω、θ、K_q、σ_q 及9个生产参数 α、π^*、g_a、ϕ_a、ϕ_ζ、K_a、K_ζ、σ_a 和 σ_ζ。

首先，我们参考已有文献校准 $\{\beta,\theta,\alpha,\sigma_a,K_a,\pi^*,\sigma_\zeta,\phi_\zeta\}$。在效用最大化函数中，与大部分文献一致，本章设定家庭主观贴现率的季度值 β 为0.99，从而使稳态下的一年期年化存款利率保持在2.5%，匹配中国近15年的无风险平均利率水平。在最终品生成函数中，参考马勇（2013）与王曦、汪玲等（2017）稳态时企业的成本加成率大约为10%，由此设定中间品替代弹性 θ 为11。中间品厂商价格调整概率 α 参考刘斌（2008）、马勇（2013）的估计值设为0.85。参考马勇（2013）设置技术冲击的标准差 σ_a 为0.0203，且技术增长率较平稳，无相关证据证明序列存在异方差，所以设 $K_a=0$；π^* 设为这一时期通胀的均值2.35%；σ_ζ 匹配通胀的标准差0.0204。因为，通胀持续性是区别相机抉择和承诺制的重要特征，是政策可信度的重要指示器，所以我们把价格冲击的持续性参数 ϕ_ζ 设为通胀的一阶自回归系数0.87，这样可以更好地理解政策可信度改进对债券价格和风险溢价的影响。

接下来我们用实际宏观和收益率数据匹配相机抉择模型的一阶、二阶无条件矩，估计出 $\{\gamma, \omega, \eta, g_a, \phi_a, K_\zeta, K_q, \sigma_q\}$。为了能够更好地定义习惯和价格冲击的波动率，校准需要满足约束：$1+K_q(\mathrm{E}[\Delta y_t]+\sigma(\Delta y_t))\geqslant 0$ 和 $1-K_\zeta\sigma_\zeta\geqslant 0$。状态变量 s_t 的无条件期望值是 $\mathrm{E}[s_t]=(\mathrm{I}-\phi)^{-1}\psi=$

$[g_a, \pi^*, \frac{(1+\omega)g_a}{(\omega+\gamma+\eta)}]$，则其无条件协方差矩阵 $var(s_t)$ 应该满足：$var(s_t) - \phi var(s_t)\phi^T = \psi_c \Sigma(£ + k diag\{E[s_t]\})\psi_c^T$。因此所求得的近似解应该满足：$var(s_t) = \sum_{t=0}^{\infty} \phi^t \psi_c \Sigma(£ + k diag\{E[s_t]\})\psi_c^T (\phi^T)^t$。使用债券收益率方程（5.18）和 s_t 的无条件期望与协方差就可以得出债券收益的无条件期望和方差。g_a 等于模型中生产技术增长的无条件期望。

表 4.1 给出了参数校准值。ω 是劳动供给的弗里希弹性的倒数，不同于吕朝凤和黄梅波（2011）、侯成琪和龚六堂（2014）、Chang 等（2015）估计 ω 为 2，我们模型估计值为 0.374，说明在相机抉择下劳动供给的替代弹性更大。γ 表示消费替代弹性，也称为风险厌恶系数，其值越大，家庭越加厌恶风险。我们模型校准值是 10.11，远大于康立、龚六堂（2014），庄子罐、崔小勇和赵晓军（2016）估计出的 γ 等于 2。显著的差异说明在相机抉择调控下，家庭对未来“一无所知”，这种不确定性增加了风险暴露和不安全感，因此家庭趋于稳定保守，更加厌恶风险，所以实证结果也进一步证实了增加货币政策可信性能够降低风险厌恶和风险补偿。

表 4.1　　　　模型参数的校准值

参数	校准值	描述
β	0.99	主观时间贴现率
γ	10.11	相对风险厌恶系数
η	-9.973	习惯程度参数
ω	0.374	劳动替代弹性的倒数
σ_q	0.003	习惯波动率
K_q	0.75	习惯随机波动率
θ	11	中间品替代弹性
α	0.85	可调整价格厂商比例
$\pi^* \times 10^2$	2.35	平均通胀
g_a	0.0097	生产技术增长的均值
ϕ_a	0.052	生产增长的自相关系数

续表

参数	校准值	描述
σ_a	0.0203	生成率波动率
K_a	0	生产技术随机波动率
ϕ_ζ	0.87	价格冲击的自相关系数
$\sigma_\zeta \times 10^2$	2.04	价格冲击波动率
K_ζ	0.35	价格冲击随机波动率

模型捕捉到 η 为 -9.973 与偏好中习惯形成一致，与我们直觉也一致，即消费变化越大，主观上的习惯感觉越小。K_q 和 σ_q 刻画了偏好的波动率等于 0.75 和 0.003。g_a 和 ϕ_a 校准为 0.0097 和 0.052，较小的平均技术增长率和自相关系数也符合技术增长率特征。K_ζ 等于 0.35 刻画价格冲击的随机波动情况，表明价格冲击序列具有较强的异方差性，且波动随通胀水平增加而增强。

4.4.2 稳态模拟

给定以上校准的参数值，我们模拟了相机抉择模型和事先承诺制模型，表 4.2 和表 4.3 分别从实体宏观经济和利率期限结构两个方面对比模型与我国 2002—2017 年季度数据的匹配程度。从相机抉择模型的模拟结果来看，各变量的均值与实际数据契合得较好，误差在 0.001 之内。

表 4.2　　　　模型模拟结果与我国宏观数据比较

	现实数据	模型模拟数据	
		相机抉择制下	承诺规则制下
E [Vy_t] ×4	13.41	13.51	13.51
E [π_t] ×4	9.39	9.39	9.39
σ (Vy_t) ×4	4.21	12.06	11.75
σ (π_t) ×4	8.55	6.48	0.43
$corr$ (Vy_t, Vy_{t-1})	0.97	0.87	0.94
$corr$ (π_t, π_{t-1})	0.86	0.84	0.42
$corr$ (Vy_t, π_t)	-0.041	-0.007	-0.007

注：均值和标准差单位是年化百分比。自回归是季度数据的一阶自回归。

表 4.3　　　　模型模拟结果与我国国债收益数据对比

	现实数据	模型模拟数据	
		相机抉择制下	承诺规则制下
E $[i_t]$	1.94	1.93	3.08
E $[i_t^{(4)}-i_t]$	0.59	0.51	-0.23
E $[i_t^{(12)}-i_t]$	0.95	1.01	0.35
E $[i_t^{(20)}-i_t]$	1.21	1.17	0.47
E $[i_t^{(28)}-i_t]$	1.43	1.37	0.52
E $[i_t^{(40)}-i_t]$	1.63	1.58	0.56
σ (i_t)	0.56	3. 41	3.78
σ $(i_t^{(4)})$	0.71	2. 92	2.74
σ $(i_t^{(12)})$	0.63	2.71	2.44
σ $(i_t^{(20)})$	0.57	1.81	1.67
σ $(i_t^{(28)})$	0.55	1.31	1.19
σ $(i_t^{(40)})$	0.56	0.89	0.81

注：均值、利差、标准差单位是百分比。

产出增长波动率和利率波动率都显著高于观测值，校准结果证实两部门经济模型由于扭曲了产出与消费的数值关系，所以在某种程度上也扭曲了债券收益和产出的波动特征，Francisco Palomino（2012）、Rudebusch 和 Swanson（2008）实证也有同样的发现，但模型很好地捕捉到收益曲线的斜率，且二阶矩与实际数据的变化趋势一致，所以不影响我们分析最优货币政策与收益率、风险溢价的定性关系。模型捕捉到了政策信誉对经济态势的影响。承诺规则制下产出增长和通胀波动降低，尤其是通胀波动率下降非常明显，且持续性减少，长期利率波动率及利差也都降低，反映了承诺制下政策信誉提高，投资者对价格冲击索求的补偿减少，因而平均风险溢价降低。

4.4.3　脉冲响应分析

图 4.2 显示了模型模拟的风险溢价水平值和波动率。在相机抉择下的平均溢价均为正，体现了投资者对通胀风险的担忧，因而索求正的溢价。而在事先承诺制下，模型校准的消费跨期替代弹性小于商品的替代弹性（即 $\gamma\theta_g>1$），所以此时投资回报增大，债券不再是风险资产，而是消费

的有益对冲，投资者愿意以负溢价持有它们。Francisco Palomino（2007）结果显示美国1961—2005年的债券溢价均值最大为0.06%，事先承诺制模拟出的溢价均值绝对值最大为0.08%，而样本期内我国风险溢价均值最大值为0.25%，事先承诺制模拟出的溢价均值绝对值最大为0.15%，两种操作规范下均比美国的高，说明我国债券市场风险水平高于美国，但对比两国风险溢价波动率，我国风险波动明显小于美国。

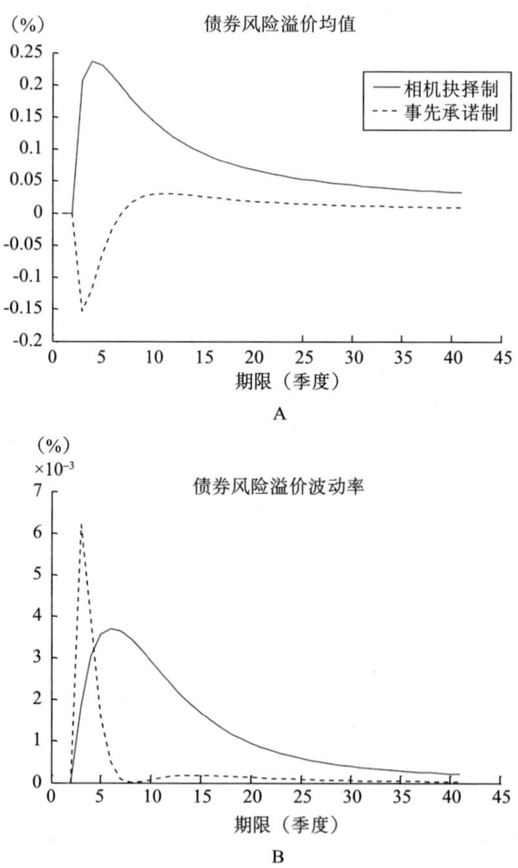

图 4.2 模型模拟的我国债券风险溢价均值和波动率

风险溢价均值也反映出模型存在部分程度的扭曲。尤其是相机抉择时，随着期限增长，中长期溢价均值不升反降，显然与经济直觉相悖。但模型总体上依然能反映出风险溢价随着政策可信度提高而下降的典型特征。图 4. 2B 图显示出相机抉择下两年期债券的波动率达到顶峰，然后随着期限增长，波动缓慢减小。而事先承诺制下，短期利率的波动直线升高，然后又急剧下降，反映出短期利率波动剧烈，而一年期以上的中长期收益表现非常稳定。

图 4. 3 分别给出了单位涨价冲击下，10 年期国债利差、5 年期风险溢价和通胀的脉冲响应图，与我们理论分析一致。图 4. 3A 图反映出相机抉择下短期债券的利差对冲击反应小于事先承诺制，而 2 年期以后的中长期债券情况相反。图 4. 3B 图显示相机抉择下 5 年期风险溢价对冲击的反

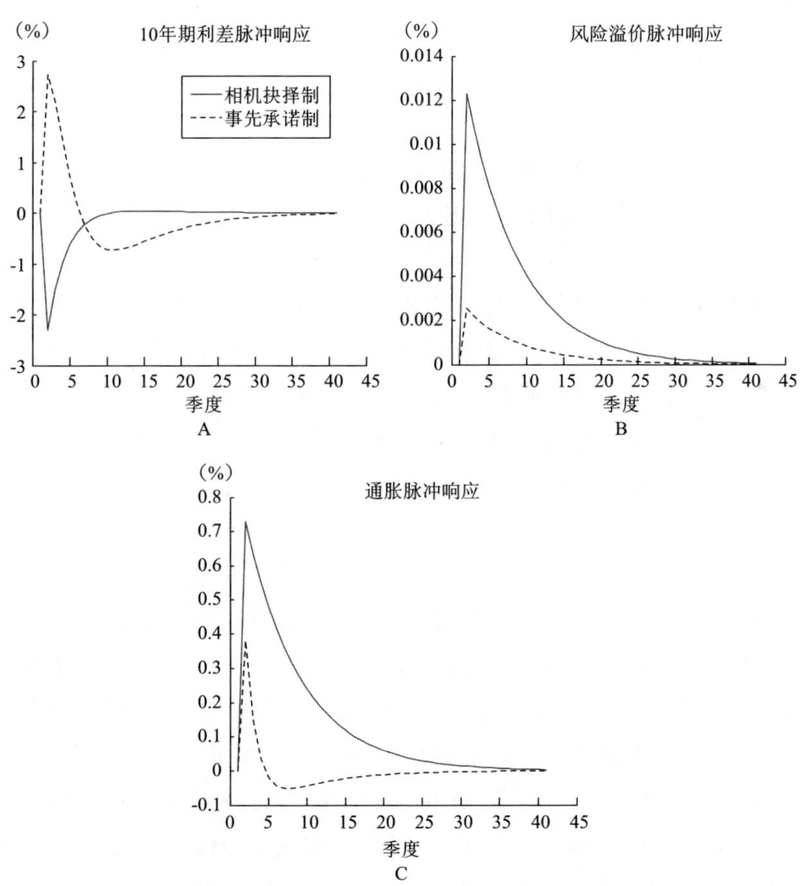

图 4. 3　涨价冲击的脉冲响应图

应始终大于承诺制。差异主要源于通胀在两种调控机制下对价格冲击反应不同。图 4.3C 图显示出相机抉择下通胀对涨价冲击的反应大于承诺制。相机抉择下由于政策信誉的缺失，通胀持续性强，容易发生持续性通胀，增加了债券风险溢价和利差。而在承诺制下，高通胀后往往伴随着通缩期，因此平均通胀很低，良好的政策信誉带来了资本市场低通胀风险和波动，因此投资者持有长期债券的风险补偿偏低且比较稳定。同时，由于承诺制下短期利率面对涨价冲击后下降速度快于相机抉择时，所以承诺制下短期债券利差的冲击反应大。

4.5 小结

为了理解货币政策信誉对风险溢价的作用影响，本章构建了基于两部门 DSGE 框架的仿射期限结构模型，理论分析和实证检验了债券收益动态和最优货币政策与宏观风险的计量关系。我们用中国宏观和债券收益季度数据校准了政策可信度低的相机抉择模型，模拟了可信度高的承诺制模型，对比分析两种最优货币政策操作规范下风险溢价的动态特征，从而揭示了政策可信度对通胀风险，通胀风险对风险溢价的作用机制。

研究得出相较于相机抉择调控方式，承诺制下产出增长更稳定，通胀持续性降低，不易出现持续性通胀或通缩。同时，宏观经济受生产技术 $\varepsilon_{a,t}$、习惯偏好 $\varepsilon_{q,t}$和产品价格 $\varepsilon_{\zeta,t}$这三类冲击影响，其中 $\varepsilon_{a,t}$和 $\varepsilon_{q,t}$对产出、通胀在不同调控方式下影响不变，而 $\varepsilon_{\zeta,t}$的影响起关键作用。承诺制下产出和通胀对价格冲击敏感性降低，使得货币政策可信度提高，社会福利增加，宏观稳定性增强。承诺制下短期利率的均值和波动率均高于相机抉择时，长期利率波动降低，结论进一步说明此时宏观经济环境更加稳定，预防性储蓄动机的减少提高了平均短期利率。

债券风险价格是投资者面对冲击风险索求的补偿价格。我们发现最优货币政策、政策可信度不影响生产技术和习惯偏好冲击的风险价格，但影响价格冲击的风险价格高低及符号，其在承诺制下的绝对值低于相机抉择。究其原因在于承诺制下产出和通胀对价格冲击的反应小，边际消费效用受此冲击的影响也小，因此投资者索求的风险补偿（绝对值）更低。

风险价格的符号取决于最优货币政策对产出和通胀的折中偏好，具体依赖于消费的跨期替代弹性（EIS）和不同商品的替代弹性（ESG）的数量关系。如果平滑消费的跨期替代弹性的重要性高于平滑不同商品，那么通胀虽然引起资产回报增长，但其中的风险补偿却为负值，且波动性降低。即如果 ESG 大于 EIS，则一单位涨价冲击引起真实消费减少，导致边际效用的提高不能被高通胀、低产出带来的名义值增大所抵消，那么此时边际效用增加，债券收益增高，投资者把债券视为表现良好的消费对冲，愿意用负的风险价格持有它们。如果 EIS 大于 ESG，则面对涨价冲击时，风险价格为正。

模型风险价格的时变波动性是由设置的三种冲击的随机波动时生成，其中 $\varepsilon_{a,t}$、$\varepsilon_{\zeta,t}$冲击风险价格的时变性完全由生产技术和价格冲击自身水平决定，不受货币政策影响。$\varepsilon_{q,t}$风险价格波动性受货币政策可信度影响，相机抉择下风险价格的波动性大于事先承诺制。同样，债券回报也只受价格冲击的影响，且随着政策可信度提高，影响降低。所以，我们得出政策可信度不影响生产技术和偏好冲击造成的风险溢价，它仅仅影响价格冲击引起的风险溢价。

总之承诺制下，由于货币当局对公众做出了盯住通胀目标的承诺，进一步稳定了通胀和产出，价格冲击对产出和通胀的影响也降低了，同时债券市场长期利率波动降低，说明此时宏观经济环境更加稳定。因而，此时市场对通胀风险的反应不再那么敏感和脆弱，政策信誉的提高显著减少了系统性通胀风险补偿，风险溢价的绝对值和时变波动率均低于相机抉择时。所以为了减小债券市场金融风险，货币当局应该加强政策透明度，提高政策信誉和可信度。

虽然为了分析问题简便起见，模型只刻画了两部门带有习惯偏好的生产经济，模型中产出增长和消费增长数量关系存在一定程度的差缪，校准发现捕捉到的宏观经济、债券收益的波动率和风险溢价的均值都存在少许扭曲，但结果仍然能反映变化趋势和作用机制的定性关系，还是成功捕捉到了两种政策操作规范对宏观经济和债券市场的影响差异特征。

为了得出更加精准的计量实证结果，我们可以进一步完善 DSGE 模型，加入政府的收入和支出行为，以及进出口贸易等。也可以进一步研究金融摩擦、金融市场组织结构、金融中介职能对货币政策的风险溢价传导渠道的影响，尤其在当下经济下行压力增大之际，非常规货币政策与金融风险的计量关系非常值得深入探讨。当然本章研究也可以扩展应用到其他金融资产风险中。

第5章

基于无套利条件的政策利率规则扩展与估计

5.1 研究背景

在经济新常态下，我国货币政策操作目标有从数量型向利率价格型过渡的需求，如何制定适合我国经济发展的政策利率规则是当前亟须解决的问题。泰勒规则是货币当局依据本国经济状况调控短期利率的一种政策规则，以期在利率传导机制作用下，间接调控中长期利率，从而影响投资、消费、产出和资产价格等。但马骏等（2016）研究得出，我国货币政策框架面临的体制性约束和周期性因素不同程度地弱化和扭曲了我国政策利率的传导。此外，时变风险溢价的存在也使长短期利率关系更加复杂模糊。而传统的泰勒规则只关注短期利率对经济变化的反应，忽略金融摩擦、制度约束、经济周期（如在经济下行时风险溢价可能会上升）等因素导致的利率传导阻滞和效率降低，忽视长期利率的变化会偏离预期，这将可能导致利率规则对产出和通胀变化反应不足或反应过度，影响货币政策的准确性和实施效果。因此，中长期利率信息在货币政策制定中具有重要的价值，缺乏中长期利率信息的泰勒规则能否准确有效地刻画短期利率对经济的反应特征，关系到货币政策规则的准确性及实施效果。

国债收益率曲线包含了丰富的货币政策信息，其中短期利率受央行货币政策的直接影响，长期利率是经风险调整后的未来短期利率的条件期望，反映了投资者对货币政策和宏观经济的预期，以及索求的持有期风险补偿（风险溢价）。近年来英格兰银行、美联储等众多央行已将利率期限结构作为制定货币政策的信息来源和评估货币政策效果的工具。我国债券市场经过改革与发展，利率期限结构对未来利率、通货膨胀等已具有一定的预测能力，能够为货币政策制定提供大量有用的信息（郭涛和宋德勇，2008）。袁靖和薛伟（2012）也认为我国利率期限结构有助于央行制定前瞻有效的货币政策。但如何利用利率期限结构信息完善制定我国货币政策框架是亟须解决的问题。

近 20 年我国主要实施数量型目标的货币政策规则，但也有“中性”和“泰勒规则”的影响，操作指标中的“两率”（同业拆借利率和银行超额准备金率）使我国货币操作含有部分规则操作（潘敏，2016）。因此，本章将依据中国现实和经验数据，通过国债利率期限结构的仿射无套利宏观金融模型，构建基准型、前瞻型、后顾型、前瞻后顾混合型四种无套利泰勒规则，提供把收益率曲线完整信息纳入货币政策框架的有效途径。通过与传统泰勒规则单方程模型对比，考察中长期利率信息是否显著影响利率规则对宏观经济的反应，通胀的反应是否会更积极、更富有弹性，产出的反应是否减少，是否可以得到显著、有效的参数，并检验无套利泰勒规则在我国货币政策操作中的适用性。无套利假设在金融投资市场中非常合理和必要，它能及时消除不同期限间或未来预期值的不一致性所带来的套利机会，而且在宏观模型中也是均衡的一个必要条件，所以我们在期限结构的横截面无套利假设下定价不同期限国债。本章研究是对传统泰勒规则的一种扩展，也为当前我国货币政策框架从数量型向价格型调控转型提供经验证据。

早期基于单方程模型研究泰勒规则，之后随着结构性新凯恩斯宏观模型的盛行，泰勒规则被嵌入到供给需求一般均衡系统中。但新凯恩斯宏观模型比较简洁，获取的信息量有限，而货币政策规则的制定却需要充分的数据信息。所以如果没有期限结构信息，单纯的新凯恩斯宏观模型刻画政策规则具有局限性。

Ang 和 Piazzesi（2003）首次把泰勒规则引入仿射无套利期限结构模型中，其中潜在因子被解释为货币政策冲击。之后在结构式宏观金融文献中，泰勒规则通常被嵌入宏观结构中与期限结构参数一起估计或预先设置，如 Hördahl 等（2006）和 Bekaert 等（2010）把短期利率设置为带有平滑机制的前瞻型泰勒规则，嵌入带有新凯恩斯宏观结构的利率期限结构模型。Rudebusch 等（2008）把基准型泰勒规则嵌入宏观金融模型中。Li 等（2011）用带有区制转移的利率期限结构模型刻画无套利泰勒规则的非线性性，得出美联储在不同区制下对通胀和经济增长的偏好不同。近几年，学者们基于动态随机一般均衡（DSGE）模型导出期限结构，此类模型可以更深入地刻画宏观经济变量、货币政策与期限结构的相互作用机制。Fuerst（2015）、Abdymomunov 和 Kang（2015）在宏观金融的 DSGE 模型中分析了泰勒规则对利率期限结构的影响。

以上文献均只考察了单一形式的利率规则，没有研究如何使用无套利宏观金融模型来识别出不同形式的货币政策。此外，在模型的计量估计中，这些文献通常对利率因子动态、风险溢价或观测误差等施加较强的识别限制，如假设宏观因子与潜因子相互独立，或者假设风险溢价为零，或者假设部分期限的收益率无观测误差等。

我国学者对泰勒规则及其扩展形式能否揭示我国名义利率对经济、金融变量的反应特征展开了丰富的实证研究。谢平和罗雄（2002）、陆军和钟丹（2003）、张屹山和张代强（2007）用单方程模型检验了基准和前瞻型泰勒规则在我国的适用性，得出泰勒规则可以作为我国决策依据，衡量货币政策松紧。卞志村等（2012）、王胜和邹恒甫（2006）、陈晓莉（2008）在泰勒规则中添加新的盯住目标，以检验资产价格、汇率、货币供应量等是否应纳入我国货币政策操作规则之内。郑挺国和刘金全（2010）、陈创练等（2016）研究了泰勒规则的非线性和时变特征。以上研究得出许多有益的结论，但均基于单方程模型，只利用了有限的短期利率信息，所得结论难免有局限性。孙皓和石柱鲜（2011）、袁靖和薛伟（2012）在我国利率期限结构的宏观金融模型中嵌入了泰勒规则，但其出发点是研究货币政策和宏观经济对期限结构的影响，因而只设置单一形式的利率规则，没有分析期限结构对货币政策制定的作用。

纵观国内外研究，本章尝试进行以下三方面拓展：第一，构建包含利率期限结构信息的货币政策框架，在利率期限结构的仿射宏观金融模型框架下同时估计出基准、后顾、前瞻和前瞻后顾混合型四种无套利泰勒规则。第二，通过对比传统单方程泰勒规则模型，探索利率期限结构对政策规则的影响作用，分析无套利规则对通胀的反应是否更积极，对产出的反应是否减少，是否可以得到显著、有效的参数估计，检验无套利泰勒规则是否能刻画我国短期利率动态特征。第三，使用马尔科夫链蒙特卡洛（MCMC）方法估计参数和抽取潜在的货币政策冲击，在利率期限结构横截面无套利假设下，无须再施加额外的缺乏经济含义的识别限制，模型具有的灵活性使得估计结果表现更好。

5.2 无套利泰勒规则的构建

根据资产定价第一基本定理，如果一个金融市场中存在风险中性测度，就不存在套利机会。本章参考 Dai 和 Singleton（2003）以及 Ang 和 Piazzesi（2003）的研究，从风险中性定价出发，首先定义风险中性世界的状态因子随机扩散过程，根据伊藤引理得到债券价格的随机过程，借助特定的拉东—尼克迪姆导数过程，通过哥萨诺夫定理把风险中性世界里的布朗运动转换到真实世界，得到了真实测度下的状态因子、随机折现因子扩散过程及债券价格的偏微分方程，然后通过迭代求解得到了不同期限间无套利的收益率方程，最后对连续时间定价模型离散化就得到了由方程（5.1）—（5.5）构建的 N 期零息国债的连续复利名义收益率的仿射无套利离散时间模型。

设状态因子 $x_t = [g_t \quad \pi_t \quad f_t^u]^T$。其中 g_t 为产出缺口；π_t 是年化同比通胀率；f_t^u 表示不可观测的潜因子，在下文中可被解释为货币政策冲击的一种变化形式。g_t 和 π_t 刻画宏观冲击对利率的影响，潜因子 f_t^u 捕捉其他不可观测因素。为了使泰勒规则的货币政策冲击形式最简洁，我们只设置一个潜因子。

定义状态因子 x_t 为高斯 VAR（1）过程，ε_t 服从独立正态分布 $N(0,\ I_3)$：

$$X_t = \mu + \phi X_{t-1} + \sum \varepsilon_t \tag{5.1}$$

定义短期利率 r_t（无风险利率）为常量和状态因子的线性函数，$\delta_1 = [\delta_{1,g} \quad \delta_{1,\pi} \quad \delta_{1,u}]^T$：

$$r_t = \delta_0 + \delta_1^T X_t \tag{5.2}$$

谢赤等（2009）、李宏瑾（2012）、王晓芳和郑斌（2012）研究均得出我国利率期限结构存在时变风险溢价。郑振龙和吴颖玲（2012）研究发现居民消费价格指数（CPI）和 GDP 是影响我国债券风险溢价的两个主要因素。本章也设定期限结构存在时变风险溢价，并且受通胀率和产出影响。定义时变风险价格 λ_t 为常量和状态因子的线性函数：

$$\lambda_t = \lambda_0 + \lambda_1 X_t \tag{5.3}$$

设 N 期零息国债对数价格 ln（$b_{N,t}$）是状态因子的仿射函数：

$$\ln(b_{N,t}) = A_N + B_N^T X_t$$

通过对债券价格的偏微分方程迭代求解得到系数：

$$A_1 = -\delta_0,\ B_1 = -\delta_1$$

$$A_{n+1} = A_n + B_n^T(\mu - \sum \lambda_0) + \frac{1}{2} B_n^T \sum \sum{}^T B_n + A_1$$

$$B_{n+1} = B_n^T(\phi - \sum \lambda_1) + B_1, n = 1,2,\cdots,N \tag{5.4}$$

则 N 期零息债券的连续复利名义收益率 $i_{N,t}$为：

$$i_{N,t} = -\ln(b_{N,t}) / N = -\frac{A_N}{N} - \frac{B'_N}{N} X_t \tag{5.5}$$

5.2.1　无套利基准型泰勒规则

传统泰勒规则一般设为下面形式（通常情形下 $\alpha > 1$）：

$$r_t = r^* + \pi_t + \alpha(\pi_t - \pi^*) + \beta g_t \tag{5.6}$$

其中，r_t 为泰勒规则建议的短期名义目标利率；r^* 为长期均衡真实利率；π^* 是长期通胀目标；α 和 β 的大小和符号刻画了货币政策对通胀和产出缺口的反应偏好。若 α 和 β 大于零，产出和通胀伴随利率变化作顺周期调整，从而维持经济稳定增长；若 α 和 β 小于零，产出和通胀伴随利率变化作逆周期调整，加剧经济波动。数值大小反映出货币政策盯住通胀或产出缺口的偏好。在式（5.6）中令 $\gamma_0 = r^* - \alpha\pi^*$，$\gamma_{1,\pi} = (1 + \alpha)$，$\gamma_{1,g} = \beta$，则基准泰勒规则设为：

$$r_t = \gamma_0 + \gamma_{1,g} g_t + \gamma_{1,\pi}\pi_t + \varepsilon_t^{MP,T} \tag{5.7}$$

其中，$\varepsilon_t^{MP,T}$ 为基准型货币政策冲击。令 $[\delta_{1,g} \quad \delta_{1,\pi} \quad \delta_{1,u}] = [\gamma_{1,g} \quad \gamma_{1,\pi} \quad \gamma_{1,u}]$，$\varepsilon_t^{MP,T} = \gamma_{1,u} f_t^u$，则式（5.7）等价于短期利率方程（5.2）。所以通过方程组（5.1）—（5.5），可以得到无套利基准型泰勒规则，其货币政策冲击 $\varepsilon_t^{MP,T}$ 等于潜因子的倍数。

5.2.2 无套利后顾型泰勒规则

当利率目标值与当期值差距较大时，考虑到“一步式”大幅调整对资本市场的巨大冲击，以及对政府信誉的负面影响，货币当局实际操作时可能选择连续小幅微调。后顾型泰勒规则通过引入利率滞后项来刻画利率调整的平滑特性。一般设为：

$$r_t = \gamma_0 + \gamma_{1,g} g_t + \gamma_{1,\pi}\pi_t + \gamma_{2,g} g_{t-1} + \gamma_{2,\pi}\pi_{t-1} + \gamma_{2,r} r_{t-1} + \varepsilon_t^{MP,B} \tag{5.8}$$

其中，$\varepsilon_t^{MP,B}$ 为后顾型货币政策冲击。为了关联式（4.8）与利率期限结构中短期利率式（5.2），设 $f_t^o = [g_t \quad \pi_t]^T$ 为宏观变量向量，则 $X_t = [f_t^o \quad f_t^u]^T$，$\delta_1 = [\delta_{1,o} \quad \delta_{1,u}]^T$，方程（5.1）可写为：

$$X_t = \begin{pmatrix} f_t^o \\ f_t^u \end{pmatrix} = \begin{pmatrix} \mu_1 \\ \mu_2 \end{pmatrix} + \begin{pmatrix} \phi_{11} & \phi_{12} \\ \phi_{21} & \phi_{22} \end{pmatrix} \begin{pmatrix} f_{t-1}^o \\ f_{t-1}^u \end{pmatrix} + \begin{pmatrix} v_t^o \\ v_t^u \end{pmatrix} \tag{5.9}$$

其中，$v_t = \sum \varepsilon_t = [v_t^o \quad v_t^u]^T$，$IIDN(0, \sum \sum^T)$。

用式（5.9）的 f_t^u 表达式替换短期利率方程中的 f_t^u，则式（5.2）等价为：

$$r_t = (1 - \phi_{22})\delta_0 + \delta_{1,u}\mu_2 + \delta_{1,o}^T f_t^o + (\delta_{1,u}\phi_{21}^T - \delta_{1,o}\phi_{22}^T)^T f_{t-1}^o + \phi_{22} r_{t-1} + \varepsilon_t^{MP,B} \tag{5.10}$$

令 $\gamma_0 = (1 - \phi_{22})\delta_0 + \delta_{1,u} u_2$，$\begin{pmatrix} \gamma_{1,g} \\ \gamma_{1,\pi} \end{pmatrix} = \delta_{1,o}$，$\begin{pmatrix} \gamma_{2,g} \\ \gamma_{2,\pi} \end{pmatrix} = \delta_{1,u}\phi_{21}^T - \delta_{1,o}\phi_{22}^T$，$\gamma_{2,r} = \phi_{22}$，

则式（5.10）与式（5.8）等价，可据此计算出无套利后顾型泰勒规则参数。

对比式（5.7）和式（5.10）发现后顾型反应系数 $\delta_{1,o}$ 与基准型相等。但两者货币政策冲击不同，后顾型 $\varepsilon_t^{MP,B}=\delta_{1,u}v_t^u$，其中 v_t^u 为潜因子冲击，服从独立正态分布，而基准型 $\varepsilon_t^{MP,T}=\gamma_{1,u}f_t^u$，$f_t^u$ 为具有持续性的潜因子，两者的差异反映出潜因子包含了短期利率和宏观因子滞后项的预期成分。

5.2.3　无套利前瞻型泰勒规则

现实中由于价格、工资的粘性以及金融市场的摩擦，使货币政策传导和影响表现出一定滞后性。考虑到政策时滞性，货币当局可能会参照往期的信息预测未来，以前瞻的视角制定利率规则。我们依据 Clarida 等（2000）设置向前一期前瞻型泰勒规则：

$$r_t=\gamma_0+\gamma_{1,g}E_t(g_{t+1}\mid\Omega_{t-1})+\gamma_{1,\pi}E_t[\pi_{t+1}\mid\Omega_{t-1}]+\varepsilon_t^{MP,F}\quad(5.11)$$

其中，$\varepsilon_t^{MP,F}$ 为前瞻型泰勒规则货币政策冲击，Ω_{t-1} 为 $t-1$ 期的信息集。

设产出缺口和通胀率的条件期望是 X_t 的函数，即 $E_t(X_{t+1}\mid\Omega_{t-1})=\mu+\phi X_t$。定义 e_i 为第 i 个位置为 1，其余位置为 0 的行向量，则式（5.11）为：

$$r_t=\gamma_0+(\gamma_{1,g}e_1+\gamma_{1,\pi}e_2)\mu+(\gamma_{1,g}e_1+\gamma_{1,\pi}e_2)\phi X_t+\varepsilon_t^{MP,F}\quad(5.12)$$

令 $\bar{\delta}_0=\gamma_0+(\gamma_{1,g}e_1+\gamma_{1,\pi}e_2)\mu$，$\bar{\delta}_1=\phi^T(\gamma_{1,g}e_1+\gamma_{1,\pi}e_2)^T+\gamma_{1,u}e_3^T$，则 $r_t=\bar{\delta}_0+\bar{\delta}_1^TX_t$，所以，式（5.12）本质为对参数施加了限制的短期利率方程。用其替换式（5.2），然后把式（5.4）中的 δ_0 和 δ_1 定义为 $\bar{\delta}_0$ 和 $\bar{\delta}_1$，就得到无套利前瞻型泰勒规则。其货币政策冲击 $\varepsilon_t^{MP,F}$ 与基准规则一样，等于潜在因子水平值的倍数 $\varepsilon_t^{MP,F}=\gamma_{1,u}f_t^u$。但与基准和后顾型不同的是，无套利前瞻型规则需要对短期利率方程施加限制。

5.2.4　无套利前瞻后顾混合型泰勒规则

同时包含宏观变量预期项和滞后项，以及带有利率平滑特性的泰勒规则为前瞻后顾混合型规则。借鉴无套利后顾型规则的推导，把前瞻型规则式（5.12）中的 f_t^u 替换为式（5.9）中的 f_t^u 表达式，且把滞后项 f_{t-1}^u 替换为 $\dfrac{r_{t-1}-\delta_0-\delta_{1,o}^T f_{t-1}^o}{\delta_{1,u}}$，就可推导出无套利混合型规则：

$$r_t=\gamma_0+\gamma_{1,u}\mu_2-\frac{\gamma_{1,u}\phi_{22}\delta_0}{\delta_{1,u}}+\gamma_{1,o}^T E_t\left(f_{t+1}^o\right)+\left(\gamma_{1,u}\phi_{21}^T-\frac{\gamma_{1,u}\phi_{22}\delta_{1,o}}{\delta_{1,u}}\right)^T f_{t-1}^o+\frac{\gamma_{1,u}\phi_{22}}{\delta_{1,u}}r_{t-1}+\varepsilon_t^{MP,FB} \tag{5.13}$$

其中，货币政策冲击与后顾型情况一样 $\varepsilon_t^{MP,FB}=\gamma_{1,u}v_t^u$，而宏观变量预期值反应系数 $\delta_{1,o}$ 等于前瞻型对应系数。无套利混合型同样需要在短期利率方程中限制参数，以确保计算的宏观变量预期与 VAR 动态一致。

5.3 实证数据与模型估计

5.3.1 数据选取及描述

本章选取零息国债到期利率，产出缺口和通胀率季度数据建模分析，样本时间跨度为 2002 年第一季度至 2016 年第四季度，各指标的选取和说明如下：

（1）利率数据：选取 6 种我国银行间零息国债的月末到期收益率，进行季度平均。期限为 1 个、4 个、8 个、12 个、16 个、20 个季度，利率数据来自 wind 数据库。

（2）产出缺口：本章首先对 GDP 季度数据利用 X11 季节调整方法，剔除季节性成分。然后利用 HP 滤波法推算出潜在 GDP，即 GDP 趋势性成分。产出缺口 =（季节调整后的 GDP －潜在 GDP）÷潜在 GDP × 100。

（3）通货膨胀率：选用消费者价格指数作为衡量通货膨胀率的指标，并使用以上年为 100 基数的同比通胀率。由于官方 CPI 为月度数据，我们采用三项平均求出季度数据。①

① 宏观数据源自中经网。

5.3.2　模型估计

本章使用马尔科夫链蒙特卡罗（MCMC）方法估计期限结构模型。与文献中常用的极大似然和卡尔曼滤波法相比，贝叶斯估计方法主要有以下优点：首先对于潜在因子的估计，贝叶斯方法从后验分布中抽取出后验均值，为无偏估计。而极大似然法是从任意假定的无观测误差收益率中推算出潜因子，因而估计有偏误。其次对于参数值，贝叶斯方法通过把先验分布设置在合理的参数空间内，可以有效排除经济意义上不合理的参数值。而极大似然法和卡尔曼滤波法的似然函数由于维度高且非线性，所以会存在多个局部最优，导致某些参数会落在不合理的区间内，因而参数值可能不符合经济含义。

模型的参数空间为 $\Theta = (\mu, \phi, \sum, \delta_1, \gamma_1, \mu^Q, \phi^Q, \sigma_\eta^2)$，其中 μ^Q、ϕ^Q 是 μ 和 ϕ 在风险中性测度下的值。由于直接抽取风险价格参数很困难，所以我们通过抽取 μ^Q、ϕ^Q 的值计算 λ_0 和 λ_1，$\lambda_0 = \sum^{-1}(\mu - \mu^Q)$，$\lambda_1 = \sum^{-1}(\phi - \phi^Q)$。$\delta_1$ 和 γ_1 分别是基准模型和前瞻模型中短期利率系数，需采用不同算法抽取。为了与短期利率观测数据匹配，设基准模型中短期利率常量 $\delta_0 = \bar{r} - \delta_1^T \bar{X}$，其中 $\bar{r}$ 表示短期利率的样本均值；$\bar{X}$ 为因子向量 X_t 的时间序列均值，前瞻型参数 γ_0 也同样设置。模型中潜在因子可以是任意范围，因而令 $\delta_{1,u}$ 等于 1，并不影响 $\delta_{1,o}$ 的估计值。

MCMC 算法通过获取参数的联合后验分布和递归估计，能够有效地处理期限结构高维参数空间。迭代抽样依次生成潜因子 $\{f_t^u\}$ 序列、μ、ϕ、$\sum\sum^T$、δ_1、μ^Q、ϕ^Q、σ_η^2 的后验值，把该次抽样值做为下一次迭代的先验初值，循环往复得到参数的马氏链。待其平稳后，抽样值可视为联合后验分布的样本，其均值即为参数的无偏估计值。首先，我们参照 Carter 和 Kohn（1994），Kim 和 Nelson（1999）的“向前滤波、向后抽样”的多步移动吉普斯（Gibbs）算法抽取潜因子。其次，参照 Johannes 和 Polson（2003）、Sanford 和 Martin（2005）求出满条件后验分布，采用标准 Gibbs 方法抽样 μ、ϕ 和 σ_n^2。其他参数由于后验分布形式复杂或者难以显示表达，用 MCMC 中的 Metropolis - Hastings（MH）算法抽样。模型使用 Gauss 软件编程估计。

5.4 无套利泰勒规则与单方程泰勒规则的对比分析

5.4.1 利率期限结构模型估计结果

5.4.1.1 参数估计值

表 5.1 和表 5.2 列出了利率期限结构模型（5.1）—（5.5）的参数估计值。因子回归系数 φ 的第一行表明我国产出缺口能被宏观滞后值预报，其一阶滞后值系数为 0.732，说明具有较强的自相关性，通胀滞后值对其具有显著正向影响。第二行显示出我国通胀率主要受其滞后值和潜因子影响，产出缺口滞后值系数不显著，说明产能对通胀影响不大，我国物价可能更多地受需求、成本、产业结构等因素影响。第三行潜因子滞后项的系数为 0.907，反映出 f_t^u 序列具有很强的持续性。

表 5.1 因子动态和风险价格参数估计值

	常数	因子回归系数 ϕ			因子波动率 $\sum\sum'\times10$			常数	风险价格参数 λ_1		
	μ	g	π	f^u	g	π	f^u	λ_0	g	π	f^u
g	-0.618*	0.732**	0.220*	0.181	0.172**	0.049*	0.004	5.429*	-1.677**	-1.898	-1.931
	(0.343)	(0.146)	(0.122)	(0.218)	(0.037)	(0.026)	(0.003)	(3.171)	(0.633)	(1.675)	(2.108)
π	-0.067**	-0.049	1.039**	0.103*	0.049*	1.165**	0.005	-7.865	-0.170	-0.818*	-0.474
	(0.025)	(0.037)	(0.116)	(0.061)	(0.026)	(0.054)	(0.004)	(8.093)	(0.211)	(0.453)	(0.321)
f^u	-0.493*	0.001	0.006**	0.907**	0.004	0.005	0.128**	-16.12**	-4.051**	-9.402**	-8.816**
	(0.274)	(0.001)	(0.003)	(0.257)	(0.003)	(0.004)	(0.003)	(3.563)	(1.235)	(2.345)	(3.903)

注：括号中数值为估计标准误，**、*分别表示 5%、10% 的显著水平。

协方差矩阵 $\sum\sum'$ 显示我国通胀和产出缺口呈正相关，又因为 ϕ

显示出我国产出缺口能被通胀滞后值预报，所以高通胀是产出缺口增大的格兰杰原因。潜因子和宏观因子的条件协方差不显著，而潜因子和货币政策冲击存在线性关系，意味着基准和前瞻型的货币政策冲击对宏观因子无同期影响。风险价格参数 λ_1 对角线上元素和第三行系数统计上都显著，因此产出缺口、通胀率和潜因子都是时变风险溢价的生成因素。

短期利率即基准泰勒规则系数 δ_1 均为正，表明通胀和产出缺口增大将导致短期利率升高，这与泰勒规则直觉一致；短期利率对产出缺口的反应大于对通胀水平的反应，产出缺口每增大 1%，短期利率将提高 17 个基点以抑制经济过热；而当通胀率上升 1% 时，短期利率仅小幅提升 1 个基点。观测误差的标准误较大，1 个季度（20 个季度）为 29 个基点（8 个基点）。

表 5.2　　短期利率系数和观测误差标准误

	短期利率系数			观测误差标准误					
δ_0	g	π	f^u	n = 1	n = 4	n = 8	n = 12	n = 16	n = 20
2.039**	0.168**	0.01*	1.000	0.292**	0.187**	0.081**	0.023**	0.041**	0.075**
(0.853)	(0.051)	(0.006)	(-)	(0.021)	(0.037)	(0.021)	(0.009)	(0.016)	(0.013)

注：括号中为估计标准误，**、* 分别表示 5%、10% 的显著水平。

5.4.1.2　潜因子动态

图 5.1 描绘了 Gibbs 抽样估计出的潜因子序列、单方程基准泰勒规则式（5.7）OLS 估计残差（基准泰勒规则货币政策冲击），以及去均值化的短期利率三组时间序列值。图形显示出三者具有很强的相关性，进一步证实了潜因子与货币政策冲击的相关性。其中 OLS 残差的波动率每年平均为 0.867%，大于潜因子的 0.642%，而 OLS 残差自相关为 0.642，小于潜因子的 0.792。说明与单方程 OLS 估计相比，无套利基准泰勒规则货币政策冲击波动小、相关性强。潜因子序列和收益率的相关性从 0.683（1 个季度）到 0.723（20 个季度），即债券期限越长货币政策冲击对其影响越大。

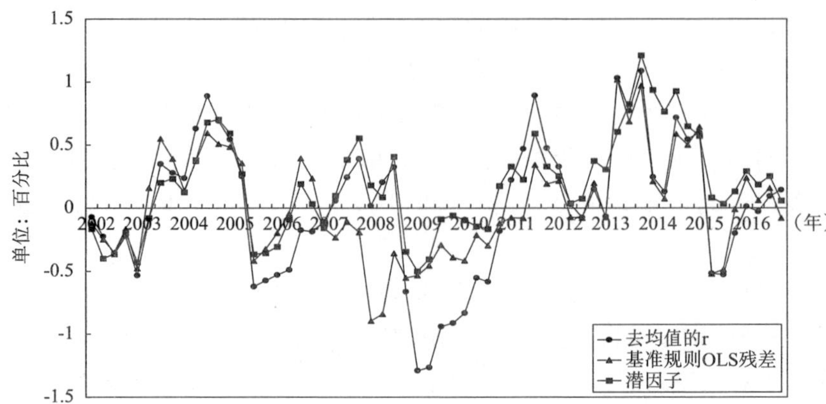

图 5.1 潜因子、基准规则 OLS 残差和去均值化的短期利率

5.4.1.3 收益率和宏观变量的矩

为了检验模型对收益率和宏观数据的拟合情况，表 5.3 对比了拟合数据与观测数据的一阶、二阶无条件矩。结果显示拟合变量的无条件矩与观测数据几乎精确匹配。收益率矩存在一些差异，但也在可接受范围之内。其中 4 个、8 个季度的拟合利率与观测值非常接近，1 个、20 个季度差异稍大。6 种期限拟合值标准差均小于观测值，反映出拟合利率的波动小。拟合收益的自相关性从 0.840（1 个季度）到 0.858（20 个季度），小于观测范围（0.807—0.871）。因为模型只含一个潜因子，且产出缺口的自相关性比收益率低，所以拟合利率的自相关性主要由 f_t^u 和通胀率引起，因而表现出一个更小范围。

表 5.3　　　　模型拟合值与观测值的统计特征

	宏观变量矩		收益率矩					
	g	π	n = 1	n = 4	n = 8	n = 12	n = 16	n = 20
观测值均值%	-0.095	2.501	2.718	2.895	3.053	3.174	2.048	2.512
拟合值均值%	-0.105	2.509	2.739	2.893	3.049	3.188	2.101	2.434
观测值标准差%	1.580	2.190	0.704	0.649	0.621	0.590	0.562	0.719
拟合值标准差%	1.494	2.175	0.654	0.646	0.619	0.580	0.474	0.638
观测值自相关性	0.610	0.886	0.807	0.833	0.843	0.855	0.862	0.871
拟合值自相关性	0.632	0.926	0.840	0.846	0.847	0.854	0.858	0.858

图 5.2 描绘出 6 组样本的名义收益率和拟合曲线图，图 5.2A 期限为 1 个、8 个、16 个季度，图 5.2B 为 4 个、12 个、20 个季度。拟合收益率的平均绝对误差小于 0.05，均方误差小于 0.01，其中 4 个、8 个季度的拟合误差最小。表 5.3 和图 5.2 都说明模型较好地刻画了我国宏观变量和国债利率期限结构运动态势。

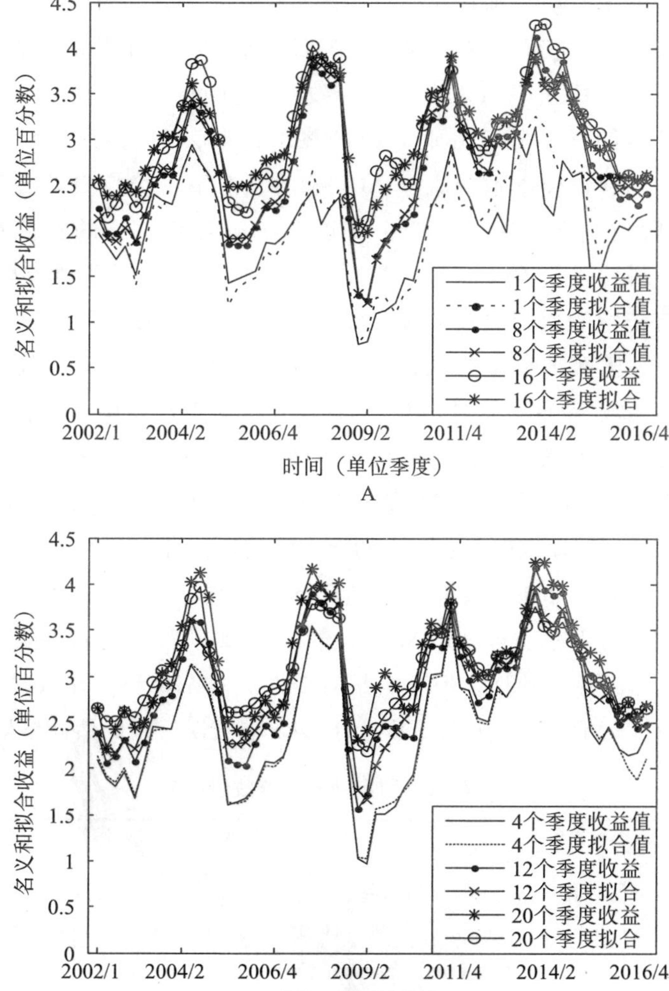

图 5.2　名义收益率曲线和拟合收益率曲线

5.4.2 无套利基准型与单方程泰勒规则的对比分析

为了分析利率期限结构的中长期利率信息是否显著影响我国政策规则对通胀和产出缺口的反应，我们分别估计出四种无套利规则，并且对传统的单方程基准、后顾、前瞻型泰勒规则进行回归，对比分析两种模型结果并检验无套利规则在我国货币政策操作中的适用性。

对式（5.6）进行单方程 OLS 回归以对比传统基准泰勒规则。为了避免回归变量不平稳和序列强自相关导致的变量间关系不稳定，以及不满足回归条件中的样本随机性而导致的谬误回归，我们对 1 个季度利率、通胀率和产出缺口样本数据进行 ADF 检验，对不平稳变量差分为平稳的弱相关序列。在 SIC 准则下，3 个变量均在不低于 10% 的置信水平下平稳。进一步做协整检验，回归残差没有单位根，说明短期利率与通胀率、产出缺口有稳定的均衡关系，式（5.6）不存在伪回归。

表 5.4 对比两种模型结果，无套利基准规则的产出缺口反应系数为 0.168，小于单方程 OLS 估计值 0.244。通胀反应系数 0.01，且在 10% 的置信水平上显著，而 OLS 估计值略高但不显著。因此，单方程模型过高估计了央行对产出缺口的反应且对通胀反应不积极。两者差异反映出中长期利率信息的影响作用以及通胀、产出的内生波动在估计泰勒规则时的重要性。此外由条件协方差可知，宏观因子与 OLS 残差同期不相关，但 LM 检验滞后长度设为 2 时 F 值等于 18.182，p 值为 0，说明残差存在自相关，所以 OLS 估计虽然满足一致性，但不满足有效性。而无套利估计从整条收益曲线抽取货币政策信息，后验标准误小于 OLS 标准误，因此估计结果更有效。

表 5.4　　基准和后顾型泰勒规则参数估计值

	基准型泰勒规则系数			后顾型泰勒规则系数					
	常量	g_t	π_t	常量	g_t	π_t	g_{t-1}	π_{t-1}	r_{t-1}
无套利模型	2.039**	0.168**	0.010*	-0.507	0.168**	0.010*	-0.169**	-0.004	0.907**
	(0.853)	(0.051)	(0.006)	(0.553)	(0.051)	(0.006)	(0.067)	(0.003)	(0.257)
传统单方程模型	2.099**	0.244**	0.013	0.671**	0.178*	0.037	-0.096	-0.026	0.661**
	(0.136)	(0.065)	(0.038)	(0.269)	(0.094)	(0.075)	(0.090)	(0.072)	(0.111)

注：括号中值为标准误，**、* 分别表示 5%、10% 的显著水平。

在遗漏变量的检验中，添加残差一阶滞后项修正模型后再进行 OLS 回归，LM 检验的结果显示无序列相关，所以基准泰勒规则遗漏了重要变量，不适用于刻画我国货币政策规则。我国短期利率具有高自相关性（表 5.3 中 1 季度为 0.807），而基准规则由于不包含利率滞后项，因此残差项继承了其水平动态特征，具有很强的自相关性。无套利规则中的潜因子也体现了这点，货币政策冲击（潜因子）的自相关性为 0.792。

5.4.3　无套利后顾型与单方程泰勒规则的对比分析

表 5.4 对比了后顾型泰勒规则的无套利和单方程模型。无套利的 g_t、π_t 反应系数（0.168、0.01）与基准型相等，均小于式（5.8）OLS 估计值（0.178、0.037），因此传统单方程过度估计货币政策的反应。

无套利模型利率滞后项显著且为正的 0.907，说明我国货币政策调整对往期值存在较强的依存性，显示了利率平滑特征。OLS 估计利率滞后项为 0.661，与基准模型残差自相关系数（0.642）非常接近。

5.4.4　无套利前瞻型与单方程泰勒规则的对比分析

表 5.5 报告无套利前瞻型泰勒规则的产出缺口预期反应系数为 0.085，比基准和后顾型 0.168 小；通胀率预期为 0.022，大于基准和后顾的 0.010。根据式（5.12）计算的 g_t、π_t 的反应系数$\bar{\delta}_{1,g}$、$\bar{\delta}_{1,\pi}$分别为 0.105、0.018，与 $\delta_{1,g}$、$\delta_{1,\pi}$（0.168、0.010）相差不大。

表 5.5　　前瞻型泰勒规则参数估计值

	前瞻型泰勒规则系数			模型限制的短期利率系数		
	常量	$E_t(g_{t+k,k})$	$E_t(\pi_{t+k,k})$	$\bar{\delta}_{1,g}$	$\bar{\delta}_{1,\pi}$	$\bar{\delta}_{1,u}$
无套利模型	1.799**	0.085**	0.022*	0.105**	0.018	1.377**
	(0.412)	(0.027)	(0.013)	(0.021)	(0.026)	(0.054)
传统单方程模型	2.837**	0.789**	-0.233			
	(0.380)	(0.157)	(0.149)			

注：括号中数值为标准误，**、* 分别表示 5%、10% 的显著水平。

接着使用 GMM 估计（5.12），令 $\upsilon_t = -\gamma_{1,g}(g_{t+1} - E_t[g_{t+1} \mid \Omega_{t-1}])$

$-\gamma_{1,\pi}$ （$\pi_{t+1}-E_t$ ［π_{t+1} | Ω_{t-1}］） $+\varepsilon_t^{MP,F}$，υ_t 是 g_t、π_t 的预测误差与 $\varepsilon_t^{MP,F}$ 的线性组合，则前瞻型规则式（5.12）为 $r_t=\gamma_0+\gamma_{1,\pi}\pi_{t+1}+\gamma_{1,g}g_{t+1}+\upsilon_t$。张屹山和张代强（2007）、李琼和王志伟（2009）认为在理性预期的假设下，货币当局对 g_t、π_t 的预期与 $t-1$ 期的信息无关，故 υ_t 与信息集 Ω_{t-1} 中的任意变量正交，即 $E(\upsilon_t\Omega_{t-1})=0$。设 Z_{t-1} 为从信息集 Ω_{t-1} 中提取的一组工具变量，则 $E[r_t-\gamma_0-\gamma_{1,\pi}\pi_{t+1}-\gamma_{1,g}g_{t+1}|Z_{t-1}]=0$ 就是 GMM 需要满足的矩条件。模型选择 g_{t-1}、π_{t-1}、r_{t-1} 作为工具变量。

表 5.5 显示前瞻型规则的无套利模型与单方程模型 GMM 估计差异非常明显，这表明利率期限结构信息对前瞻型泰勒规则有显著的作用。其中 GMM 估计的产出缺口预期反应系数为 0.789，远大于无套利的 0.085。通胀率预期反应系数为 -0.233，与无套利模型中反应系数 0.022 符号相反，但显然负值不符合经济直觉和货币政策正常操作模式。两种模型之所以存在明显差异，主要因为无套利模型利用了中长期利率隐含的投资者对未来经济的一致预期信息和利率变化的长效影响，而单方程模型由于仅使用短期利率数据，缺乏高质有效的预期信息，因而估计结果偏差较大，严重过度估计了央行对产出预期的反应。

5.4.5 无套利前瞻后顾混合型与单方程泰勒规则的对比分析

无套利混合型泰勒规则的限制条件与前瞻型规则相同，所以表 5.6 中宏观变量预期的反应系数与表 5.5 相同。考虑到前瞻性成分的影响，滞后项的作用相比后顾型规则有些减小，产出缺口滞后项绝对值降低，通胀率滞后项不显著。利率滞后项为 1.28，对短期利率预报具有重要显著的作用。

表 5.6　　混合型泰勒规则参数估计值

	常量	E_t（$g_{t+k,k}$）	E_t（$\pi_{t+k,k}$）	g_{t-1}	π_{t-1}	r_{t-1}
无套利模型	-0.617	0.085**	0.022*	-0.110*	-0.017	1.280**
	(0.501)	(0.027)	(0.013)	(0.060)	(0.012)	(0.382)

注：括号中数值为标准误，**、*分别表示 5%、10% 的显著水平。

表 5.5 和表 5.6 的估计结果显示出我国货币当局对宏观预期值反应显

著，计量检验表明我国利率有明显的平滑特性。因此，我国利率规则同时具有“前瞻”和“后顾”性。事实上，由于我国货币政策的利率、汇率、财富、信用等传导渠道均有不同程度的阻滞，导致货币政策作用后滞。如钱小安（2000）研究发现，中国消费物价对货币政策的反应存在 6 个季度的滞后。方先明和熊鹏（2005）得出我国 GDP 和贷款利率对货币供给冲击分别存在 4 个季度和 3 个季度的时滞。

图 5.3 显示了我国 1 个季度到期收益和无套利混合型泰勒规则拟合曲线。总体上看，两条曲线走势高度一致，拟合程度良好，反映了本章模型设置的合理性和参数估计的准确性。个别样本期内，拟合值先行于观测值（1 个季度左右）。本章模型设置预测一期（1 个季度），实际操作中可能更长一些，偏离之处恰恰反映出我国货币政策操作对经济形势发展的高度前瞻指引性。因此整体上看，无套利混合型泰勒规则能够为中国货币政策操作提供一个参照尺度。值得注意的是 2008—2009 年，拟合值和观测值差距稍大（偏差仍小于 0.75%）。拟合利率在这一年保持下降态势，而观测值在 2008 年前 3 季度呈上升趋势，从第三季度末到第四季度末呈断崖式下跌。

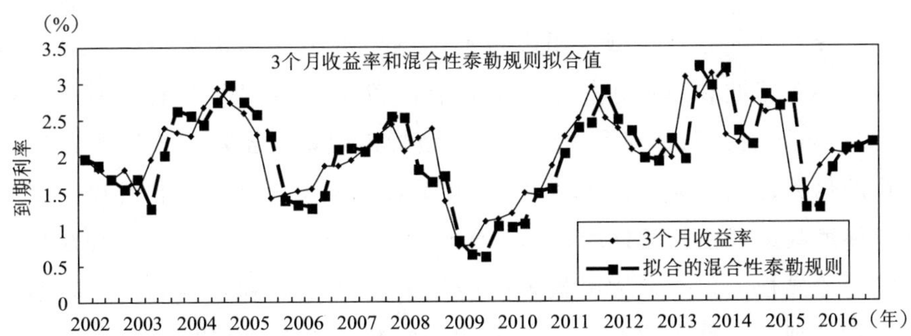

图 5.3　我国 1 个季度国债到期收益曲线和无套利混合型泰勒规则拟合曲线

事实上从 2008 年第一季度开始，为了抑制物价过快上涨、冲销流动性，我国央行实施从紧的货币政策。经过先后多次提高法定存款准备金比率，到第三季度末，商业银行体系的超额准备金率已经捉襟见肘，流动性紧张。2007 年夏季美国次贷危机引爆的全球金融危机此时对我国也造成负面影响。迫于内外形势压力，我国央行从 2008 年第四季度起实施宽松的货币政策，连续三次下调存贷款基准利率，两次下调存款准备金率，引导利率下行，保证流动性供应。图 5.3 显示出的 2008 年观测值和拟合值之间的缺口反映了在特殊紧急情况和经济萧条时期，我国政府更倾向于使用相机抉择的货币政策来应对冲击。

表 5.7 报告了两种模型货币政策冲击的相关性。

表 5.7　　　　货币政策冲击的特征差异

相关性	单方程模型			无套利模型				
	基准	后顾	前瞻	基准	后顾	前瞻	混合	短期利率 r
单方程基准型模型	1	0.660	0.501	0.796	0.425	0.477	0.162	0.848
单方程后顾型模型		1	0.463	0.475	0.805	0.006	0.753	0.476
单方程前瞻型模型			1	0.123	0.355	0.420	0.274	0.526
无套利基准型模型				1	0.175	0.879	-0.024	0.708
无套利后顾型模型					1	-0.336	0.905	0.276
无套利前瞻型模型						1	-0.503	0.639
无套利混合型模型							1	0.170
短期利率 r								1

无套利基准和前瞻型货币政策冲击均是潜因子的倍数，差别只是前瞻型规则对短期利率方程施加了限制，所以 $\varepsilon_t^{MP,T}$ 和 $\varepsilon_t^{MP,F}$ 的相关性高达 0.879；同样地，无套利后顾型和混合型货币政策冲击都是潜因子随机冲击项的倍数，因此 $\varepsilon_t^{MP,B}$ 和 $\varepsilon_t^{MP,FB}$ 的相关性高达 0.905；基准型和后顾型两个模型政策冲击相关性均达到了 0.8 左右；前瞻型规则由于两种模型估计结果差异很大，所以货币政策冲击相关性仅为 0.42。因此，传统单方程泰勒规则与从整条收益曲线抽取的无套利规则的货币政策冲击存在显著差异。

5.5　小结

本章在仿射无套利宏观金融模型框架下构建出基准、后顾、前瞻、前瞻后顾混合型四种无套利泰勒规则，并与传统单方程泰勒规则回归结果进行对比分析，以探索把利率期限结构信息纳入货币政策框架的有效途径，以及分析利率期限结构对政策规则的影响作用。本章研究为构建新常态下适合中国经济金融环境的利率规则提供新的思路，也为货币政策框架调控转型提供经验证据。

四种无套利泰勒规则显示，样本期内短期利率对产出缺口和通胀率的反应均是顺周期。我国央行货币政策偏好是提高产能，促进经济增长，对通胀率的反应虽然显著但反应系数小于1，使通货膨胀或通货紧缩的产生与演变存在自我实现机制。因此，实际操作中需要协调配合财政等其他政策措施调控宏观经济。此外残差自相关、遗漏变量检验表明我国利率存在显著的平滑性，基准和前瞻型规则遗漏了重要的滞后变量，因而其残差项（货币政策冲击项）继承了短期利率的强持续性。

我国利率期限结构隐含的中长期利率对宏观经济的反应信息，以及未来利率和宏观变量的一致预期信息，使得无套利泰勒规则与传统单方程泰勒规则存在明显差异。在无套利泰勒规则中，利率减小了对产出缺口的反应，对通胀的反应更积极。而传统单方程规则不同程度地过高估计了产出缺口系数，对通胀的反应并不显著。究其原因，我们认为在利率传导机制的作用下，央行对短期利率的调控使投资者对未来短期利率的预期发生变化，从而影响了中长期债券的市场定价，所以中长期利率对宏观经济的变动也有显著反应，拉低了短期利率对产出的反应，并且无套利模型中通胀和产出的内生波动性也有助于识别通胀反应系数。而传统泰勒规则只关注短期利率对宏观经济的反应且宏观变量外生给定，因此导致产出缺口反应高估和通胀反应不显著。这些“错觉”会导致实际操作时对经济刺激过度以及对通胀率控制不当，影响政策规则的准确性和实施效果。

另外，在利率期限结构横截面方程无套利限制下，长期利率是经风险调整的未来短期利率的期望，因而可为未来短期利率和宏观变量提供一致预期。无套利前瞻型和混合型规则利用期限结构中丰富的宏观变量预期信息，极大地改进了模型估计准确性和有效性。而单方程前瞻规则由于缺乏可靠前瞻信息，对产出刺激“用力过猛”，且通胀反应逆周期，与经济直觉和实际货币政策操作相违背。因此，缺乏中长期利率隐含的有效预期信息必然会导致单方程前瞻和混合型泰勒规则存在严重偏误。此外，无套利模型估计标准误小于单方程回归，也反映出无套利模型参数更加准确、有效。

虽然我国央行尚未公开承诺实施任何价格型规则，但实证拟合表明，我国的货币政策操作在一定程度上存在以无套利混合型泰勒规则为特征的客观规律性，对经济形势发展具有高度前瞻引导性。因此，无套利混合型泰勒规则可以作为判断我国货币政策规则松紧以及评价宏观经济调控效果的一个参照尺度。

第6章

我国货币政策的风险溢价渠道传导效果研究

6.1 研究背景

研究认为在较为完善的金融环境下，预期是货币政策的一个重要传导渠道。央行调控短期利率和引导公众预期的行为会影响投资者关于未来短期利率的预期从而间接影响中、长期利率和未来通胀、产出等宏观经济指标，这一论断以理性预期假说成立为前提，即认为长期利率能作为预期短期利率均值的无偏估计。但预期假说的一些实证结果并不令人满意。Fama（1990）和 Mishkin（1990）的研究表明，偏离预期假说的重要原因是忽略不可观测的风险溢价成分。Duffee（2002）、Dai 和 Singleton（2003）估计出了风险溢价，认为长期利率等于未来短期利率预期再加上投资者对通胀、流动性、消费等不确定风险的补偿，持有长期名义债券的投资者要求风险溢价作为风险补偿，从而使名义收益曲线总是向上倾斜。国内外很多学者认同这种看法。Bansal 等（2004）、Cochrane 和 Piazzesi（2005）认为实证估计出的风险溢价可以解释预期假说的偏离问题。谢赤等（2009）、李宏瑾（2012）、王晓芳、郑斌（2012）研究都验证了我国市场中存在时变期限溢价。由于国债的特殊性，它基本不含违约风险和流动性风险，其溢价主要由长期投资的不确定性产生，因此一些学者把国债的风险溢价也称作期限溢价（郑振龙、吴颖玲 2009）。

长期利率含有风险溢价成分，导致货币政策的债券市场传导机制会更加复杂和模糊，除了预期渠道，风险溢价渠道的作用亦不可忽视。为了走出 2008 年金融危机引起的经济低迷，美联储曾经诉诸于非常规货币政策工具，进行多轮大规模资产购买，即“量化宽松政策”。其执行基于两个假设：一是通过减小期限和风险溢价可以降低长期利率。二是隐含了降低风险溢价能有效刺激私人部门对商品和服务的需求，从而提高总产出和通胀水平。实践证明风险溢价渠道对美国经济复苏起到了积极的作用。正如美联储前主席 Bernanke（2013）所说“美联储购买国债和机构担保债券会降低它们的期限溢价，对长期利率施加了向下的压力，缓和了金融状况”。

正如 Rudebusch、sack 和 Swanson（2007）评论指出的，虽然在实践中广泛认为较低的长期债券风险溢价能刺激经济增长，但现存的理论和实证研究结果还不多见。学术界关于货币政策对风险溢价的影响，以及货币政策的风险溢价渠道机制研究成果较少且尚未形成一致结论。如果风险溢价渠道（而不是未来短期利率预期）是影响长期利率波动的主要因素，对宏观经济增长和波动有显著影响，那么能有效改变债券风险溢价的货币政策将会更加有意义。因此，我们仍然需要厘清货币政策及政策冲击如何影响投资者对未来风险的补偿要求，货币政策的风险溢价渠道对宏观经济的作用效果，以及风险溢价的周期性等诸多问题，这也正是本章研究的出发点和意义。

经过数十年发展，相较于美、日等发达经济体我国国债市场体量依然较小，债券价格发现机制尚未完善，因此我国货币政策风险溢价传导渠道的特征可能与发达国家不尽相同。那么当前我国货币政策的风险溢价传导渠道是否通畅，我国国债市场这颗“小棋子”是否能撬动宏观经济这盘大棋等问题尚未有相关学者研究。因此，本章的主要贡献是通过构建和估计一个较为灵活的宏观金融仿射无套利模型，解释我国风险溢价更深层次的来源，检验我国是否具有货币政策风险溢价传导渠道以及货币政策、风险溢价、宏观经济交互影响等诸多问题。相关结论一方面能作为现有研究的有益补充；另一方面将为我国货币政策实施提供理论支撑。

为了识别不同基本面冲击对内生变量的作用效果，我们做了三个假设：首先，参照 Ang 和 Piazzesi（2003）在仿射期限结构模型中加入横截面无套利限制条件，但在 Ang 和 Piazzesi（2003）中仅仅容许宏观经济变量影响收益曲线，而并没有考虑利率期限结构对宏观经济的反馈影响。因此，参考 Ang、Piazzesi 和 Wei（2006）、Diebold、Rudebusch 和 Aruoba（2006）、Pericoli 和 Taboga（2008）的设置，本章模型也考虑了交互反馈机制。其次，借鉴只有宏观变量的向量自回归模型如 Bekaert、Hoerova 和 Lo Duca（2013）中的识别方法，假定货币政策冲击对风险溢价的影响独立于风险溢价对产出与通胀率的冲击影响，即把货币政策的风险溢价传导过程分为独立不相关的两个阶段。最后，新凯恩斯模型中货币政策往往设置为 Taylor 规则，仅对产出和通胀变动做出反应。但当前我国货币政策目标也包括稳定金融市场，所以模型中的货币政策同时对识别出的债券风险溢价也会做出反应。

模型设定短期名义利率、产出缺口和通胀三个核心的宏观经济变量为状态向量中的可观测因子，同时还设定两个不可观测的状态因子——风险因子和通胀目标因子。Cochrane 和 Piazzesi（2008）在其仿射模型中用一个单独的因子驱动时变风险溢价，受其启发并借鉴 Dewachter 和 Iania（2011）、Dewachter、Iania 和 Lyrio（2014）、Cieslak 和 Povala（2015）方法，我们把其中一个不可观测因子设为风险因子，通过对比长期利率和未来短期利率预期进行识别，这样可以更加灵活方便的考察货币政策，债券风险溢价和经济的交互关系。同时，如 Doh（2012）、Hordahl 和 Tristani（2012）、Rudebusch 和 Swanson（2012），把通胀的长期趋势成分，也就是时变通胀目标设为另一个不可观测因子，货币当局围绕通胀目标来稳定通胀水平。

基于上述三个假设和五个驱动因子的设置，通过卡尔曼滤波结合最大似然估计可以得到参数估计值和不可观测的风险溢价和通胀目标序列，这将有助于洞悉货币政策、风险溢价和宏观经济多方向交互作用机制，同时脉冲响应和预测误差的方差分解也给出了这些影响渠道的定量分析。

6.2 研究中存在的问题

美国量化宽松政策的成功实施表明货币政策规则通过风险溢价渠道对金融资产负债状况和宏观经济发挥着重要作用，但已有文献研究中并无相关理论支持和一致的实证结论。新凯恩斯模型只为预期影响提供了理论依据，无法为大规模资产购买提供理论支持。如 Woodford（2003）和 Galí's（2008）得出货币政策对总产出的影响某种程度上是因为其对短期利率当期和未来值的影响造成的。Chenm CUrdia 和 Ferrero（2012）利用美国 1987—2009 年的数据研究得出货币政策的风险溢价渠道只有有限的重要性。以上实证研究均无法解释货币政策风险溢价传导渠道的经济刺激作用。

与此同时学者们采用了不同的实证方法，但所得结论很难一致，甚至大相径庭。如 Ang、Piazzesi 和 Wei（2006）、Dewachter Iania 和 Lyrio（2014）认为债券风险溢价的变化并不能帮助预测未来产出，而 Hamilton 和 kim（2002）、Favero、Kaminska 和 Soderstrom（2005）和 Wright（2006）研究却认为较大的债券风险溢价与较快的经济增长相伴，这与实践结果截然相反。虽然 Monfort 和 Pegoraro（2013）有证据表明风险溢价和未来产出之间存在反向关系，但结论仅针对 1 年期以内的利率，长期利率结论相反。Rudebusch、Sack 和 Swanson（2007）尽管也发现风险溢价越小未来产出越高，但该结论对预测方程和样本期的选择非常敏感，不具有普遍性。Bekaert、Hoerova 和 Lo Duca（2013）研究发现货币政策、股票期权的风险溢价和宏观经济的关系与美联储实践结果一致。Kiley（2014）得出公司债券的风险溢价变化对总需求有较强的影响效果，但是上述研究的风险溢价均非美联储操作的政府债券的风险补偿，所以依然无法解释货币政策对债券风险溢价，风险溢价对宏观经济的传导机制。

国内有的学者用事后计算得到债券超额收益来简单代替对债券风险溢价的估计，如范龙振和张处（2009）主要考察了我国债券超额回报率与货币政策变量、主要宏观经济变量的相互关系，发现政策利率、货币供给增长率、通胀率、消费增长率这些变量能解释以超额回报表示的风险溢价。但从理论上说，风险溢价的定义基于利率的预期，先验的风险溢价才是合理的，如果采用事后实现值代替事前预期值，前提条件是市场必须为理性预期，而现实中预期往往非理性。对于先验信息法和后验信息法两种不同求解风险溢价的方法，郑振龙和吴颖玲（2009）进行对比后探讨，认为先验法本质上表征着对利率的预期，代表了投资者对风险溢价的无偏估计。本章采用后验信息法求解，用长期收益率减去未来短期利率预期的方法求得债券风险溢价。

我国学者也借助不同模型研究了债券风险溢价的驱动因素。谢赤等（2008）借助卡尔曼滤波与即期短期利率结合求得了时变风险溢价，认为期限越短风险溢价时变性越明显。郑振龙、吴颖玲（2012）采用先验信息法并结合仿射无套利模型求解风险溢价，又应用 VECM 模型发现风险溢价时变，CPI 和 GDP 是影响溢价的最主要因素。王晓芳（2015）构建无套利宏观金融模型求解获得了银行间市场国债风险溢价，认为市场预期的不确定性程度决定着溢价大小。袁靖、陈国进（2015）求解出非线性动态随机一般均衡（DSGE）模型的三阶矩近似解，认为罕见灾难会影响国债风险溢价的水平值，但不影响溢价的波动性；SV 及 GARCH 冲击影响风险溢价大小也影响其时变性；含有罕见灾难、SV 及 GARCH 冲击的 DSGE 模型将更适合刻画长期风险溢价的非线性特征和时变性特征。以上研究丰富了我国债券溢价的生成机制，但均没有进一步研究风险溢价对宏观产出、通胀、货币政策的影响作用。

综上所述，鲜有研究货币政策的风险溢价传导渠道的文献，且结论尚未清晰统一，仍然需要做进一步探索。标准的新凯恩斯模型像 Woodford（2003）、Gali（2008）并不涉及这三者的相互影响机制，即使较好的新凯恩斯扩展模型如 Andres、Lopez - S 和 Nelson（2004）也只考虑部分变量影响，本章模型却给出了货币政策影响债券风险溢价和经济、债券风险溢价影响货币政策和经济、宏观经济同样影响货币政策和债券溢价的多种传导渠道。

6.3 宏观金融模型的构建

6.3.1 状态因子的自回归模型

设定仿射定价模型中的债券收益率由五个状态变量驱动：短期（一期）名义利率 r_t，通胀率 π_t 和产出缺口 g_t^y 三个可观测变量和“风险”变量 ν_t，央行的通胀目标 τ_t 两个不可观测变量。其中 ν_t 代表外生的金融市场风险，它控制债券风险溢价的时变性。

为了避免如 Campbell、Lo 和 MacKinlay（1997）和 Spencer（2008）中讨论的技术性问题，即在同方差冲击下，当短期利率服从包含单位根的过程时，渐进式长期债券收益率在模型中将不复存在，我们定义了利率缺口 $g_t^r=r_t-\tau_t$ 和通胀缺口 $g_t^\pi=\pi_t-\tau_t$。利率缺口反映出，当央行增大其通胀目标时应该以同等程度增加短期利率，以保持利率缺口不变。而当中央银行试图把实际通胀稳定在其给定通胀目标时，应该等价地增、减名义利率或相同数量的利率缺口。

本章设定央行货币政策规则为：

$$g_t^r-g^r=\rho_r\ (g_{t-1}^r-g^r)\ +\ (1-\rho_r)\ [\rho_\pi g_t^\pi+\rho_y\ (g_t^y-g^y)\ +\rho_\nu\nu_t]\ +\sigma_r\varepsilon_{rt} \tag{6.1}$$

式中，g^r 和 g^y 分别表示利率和产出缺口的稳态值；参数 ρ_r 控制利率平滑程度，满足 $0\leqslant\rho_r<1$；ρ_π 和 ρ_y 分别刻画当通胀偏离通胀目标和产出缺口不为 0 时，央行对通胀和产出变化的反应强度。波动率参数 σ_r 满足 $\sigma_r>0$，序列不相关的货币政策冲击 ε_{rt}服从标准正态分布。

为了考察货币当局对市场风险的应对态度，不同于常规 Taylor 规则（1993 年），本章设定的货币政策对风险变量 ν_t 的变化也会做出系统反应。为了能充分反映当风险溢价变动时央行是否以及如何调整短期利率，模型对风险变量反应系数 ρ_ν 不做任何约束，产出和通胀反应系数 ρ_y 和 ρ_π 参照以往文献限定为非负数。同时，假定通胀缺口均值为 0，这样平均来说实际通胀等于央行通胀目标，并且风险变量 ν_t 标准化为零均值变量。

因此，货币政策规则（6.1）意味着，当通胀与央行通胀目标 τ_t 相等，产出缺口等于其稳态值 g^y 且风险变量 ν_t 等于 0 时，利率缺口将以 ρ_r 速度收敛于其稳态值 g^r。

设定通胀缺口和产出缺口动态为向量自回归形式：

$$g_t^\pi = \rho_{\pi r}(g_{t-1}^r - g^r) + \rho_{\pi\pi} g_{t-1}^\pi + \rho_{\pi y}(g_{t-1}^y - g^y) + \rho_{\pi\nu}\nu_{t-1} + \sigma_{\pi r}\sigma_\tau\varepsilon_{\tau t} + \sigma_\pi\varepsilon_{\pi t} \tag{6.2}$$

$$g_t^y - g^y = \rho_{yr}(g_{t-1}^r - g^r) + \rho_{y\pi} g_{t-1}^\pi + \rho_{yy}(g_{t-1}^y - g^y) + \rho_{y\nu}\nu_{t-1} + \sigma_{y\pi}\sigma_\pi\varepsilon_{\pi t} + \sigma_{y\tau}\sigma_\tau\varepsilon_{\tau t} + \sigma_y\varepsilon_{yt} \tag{6.3}$$

式中，波动率参数满足 $\sigma_\pi \geqslant 0$ 和 $\sigma_y \geqslant 0$，序列不相关的扰动项 $\varepsilon_{\pi t}$和 ε_{yt}均服从标准正态分布。方程（6.2）和方程（6.3）说明通胀目标冲击能立即影响通胀缺口和产出缺口，但由于名义利率和通胀率不会随通胀目标成比例地变动，因此通胀目标的变动对利率缺口和通胀缺口的影响有限，这就相当于施加了长期货币为中性的假定，限制了通胀目标的变化对其他变量的影响程度。同时，式（6.2）与式（6.3）对冲击影响的时效性也做了相关约束：即假定货币政策和债券风险溢价的冲击对通胀缺口和产出缺口无当期影响；产出缺口冲击 ε_{yt}对通胀缺口没有同期影响，这种假定是为了有效区分货币政策和风险溢价的冲击对通胀和产出的影响与通胀和产出的冲击对货币政策和风险溢价的影响，与 Bekaert、Hoerova 和 LoDuca（2013）设定向量自回归模型时的目的相似。设定的滞后一期货币政策冲击对产出缺口和通胀具有影响，某种程度上这种时效性设定能识别式（6.2）中货币政策参数。更重要的是，方程（6.2）和方程（6.3）设定了风险变量 ν_t 的一阶滞后值影响通胀和产出缺口，这样系数 $\rho_{\pi\nu}$和 $\rho_{y\nu}$将能有效测度风险溢价变化的宏观经济效应，解析货币政策风险溢价传导渠道的特征。

设通胀目标 τ_t 服从一阶自回归过程：

$$\tau_t = (1-\rho_\tau)\tau + \rho_\tau\tau_{t-1} + \sigma_\tau\varepsilon_{\tau t} \tag{6.4}$$

其中 τ 测度通胀目标的稳态值或平均值，ρ_τ、σ_τ 分别为持续性和波动率参数，满足 $0 \leqslant \rho_\tau < 1$ 和 $0 < \sigma_\tau$，序列不相关冲击 $\varepsilon_{\tau t}$服从标准正态分布。

最后设定风险变量 ν_t 的动态性满足：

$$\nu_t = \rho_{\nu\nu}\nu_{t-1} + \sigma_{\nu r}\sigma_r\varepsilon_{rt} + \sigma_{\nu\pi}\sigma_\pi\varepsilon_{\pi t} + \sigma_{\nu y}\sigma_y\varepsilon_{yt} + \sigma_{\nu\tau}\sigma_\tau\varepsilon_{\tau t} + \sigma_\nu\varepsilon_{\nu t} \tag{6.5}$$

其中，波动率参数和持续性参数分别满足 $\sigma_\nu > 0$ 和 $0 \leqslant \rho_{\nu\nu} < 1$。序列不相关的扰动项 $\varepsilon_{\nu t}$服从标准正态分布。受 Cochrane 和 Piazzesi（2008）、Dewacher 和 Iania（2011）、DewACher、Iania 和 Lyrio（2014）启发，方程（6.5）中设定的风险动态仅由其自身滞后期因子驱动，并无货币政策和宏观经济根源，但设置上更像 Cieslak 和 Povala（2015）中期限结构因子的自回归形式。优于 Cieslak 和 Povala（2015）的是我们设定了来自货币政策、通胀率、产出缺口和通胀目标的冲击对债券风险有当期影响，与实践中资产价格往往迅速对经济变化做出反应的特征一致。通过估计相关性和波动率参数 $\sigma_{\nu r}$、$\sigma_{\nu\pi}$、$\sigma_{\nu\tau}$、$\sigma_{\nu\tau}$、σ_ν 以及脉冲反应分析和预测方差分解，将能分析风险溢价的生成机制，其变动究竟是由货币政策还是宏观经济冲击亦或是金融因素驱动，以及各自的影响程度。

6.3.2 仿射无套利利率期限结构和风险溢价

设状态向量 $X_t = [g_t^r \quad g_t^\pi \quad g_t^y \quad \tau_t \quad \nu_t]'$，冲击向量：$\varepsilon_t = [\varepsilon_{rt} \quad \varepsilon_{\pi t} \quad \varepsilon_{yt} \quad \varepsilon_{\tau t} \quad \varepsilon_{\nu t}]'$，则式（6.1）—（6.5）的向量自回归方程记为①：

$$X_t = \mu + PX_{t-1} + \sum \varepsilon_t \tag{6.6}$$

由利率缺口的定义得到名义短期利率为状态向量的线性函数为：

$$r_t = \delta' X_t \tag{6.7}$$

其中：$\delta = [1 \quad 0 \quad 0 \quad 1 \quad 0]'$

依据 Duffee（2002）对仿射类期限结构模型的设置，设对数名义定价核 m_{t+1}为：

$$m_{t+1} = -r_t - 0.5\lambda'_t\lambda_t - \lambda'_t\varepsilon_{t+1} \tag{6.8}$$

设时变风险价格 $\lambda_t = [\lambda_t^r \quad \lambda_t^\pi \quad \lambda_t^y \quad \lambda_t^\tau \quad \lambda_t^\nu]'$满足：

$$\lambda_t = \lambda + \Lambda X_t \tag{6.9}$$

其中常数项为：

① μ、P、$\sum$ 的具体表达式见附录 F。

$$\lambda = [\lambda^r \quad \lambda^\pi \quad \lambda^y \quad \lambda^\tau \quad \lambda^\nu]' \tag{6.10}$$

参照 Dewachter 和 Iania（2011）、Dewachter、Iania 和 Lyrio（2014）、Cieslak 和 Povala（2015）的设置，本章风险价格的时变性仅和唯一的不可观测风险因子 ν_t 相关，从而可以避免一般仿射模型由于参数过多而不方便解释风险溢价关键影响因素和传导机制，同时也能清晰地解释风险溢价和货币政策、产出及通胀的相互作用机制。在此假定下，系数矩阵 Λ 为：

$$\Lambda = \begin{bmatrix} 0 & 0 & 0 & 0 & \Lambda^r \\ 0 & 0 & 0 & 0 & \Lambda^\pi \\ 0 & 0 & 0 & 0 & \Lambda^y \\ 0 & 0 & 0 & 0 & \Lambda^\tau \\ 0 & 0 & 0 & 0 & \Lambda^\nu \end{bmatrix} \tag{6.11}$$

设 n 期债券在时刻 t 的对数价格 p_t^n 为状态向量 X_t 的仿射函数：

$$p_t^n = \overline{A}_n + \overline{B}'_n X_t \tag{6.12}$$

设债券定价的无套利条件为：

$$\exp\ (p_t^{n+1})\ = E_t\ [\exp\ (m_{t+1})\ \exp\ (p_{t+1}^n)] \tag{6.13}$$

其中，$\overline{A}_n$ 为标量；$\overline{B}_n$ 为 5×1 向量，根据 1 期债券的定义 $r_t = -p_t^1 = \delta^1 X_t$，递归方程（6.13）的初始条件为 $\overline{A}_1 = 0$ 和 $\overline{B}'_1 = -\delta'$，把式（6.8）、（6.12）代入到式（6.13），取期望后对比等式两边系数解出 A_n 和 B_n 的迭代方程为[①]：

$$\overline{A}_{n+1} = \overline{A}_n + \overline{B}'_n(\mu - \sum \lambda) + 0.5\overline{B}'_n \sum \sum{}' \overline{B}_n \tag{6.14}$$

$$\overline{B}'_{n+1} = \overline{B}'_n(P - \sum \lambda) - \delta' \tag{6.15}$$

令债券的到期收益率为：$y_t^n = -\ (p_t^n/n)\ = A_n + B'_n X_t$ （6.16）

其中，$A_n = -\overline{A}_n/n$；$B_n = -\overline{B}_n/n$，对于所有的期限 n 都成立。

Cochrane 和 Piazzesi（2008）讨论和定义了长期利率所包含的风险溢

① 式（6.14）、式（6.15）的推导过程参考 Ireland、Peter N.（2015），为了方便查阅，转录至附录 G。

价的多种度量方式，本章参照 Rudebusch Sack 和 Swanson（2007），风险溢价 q_t^n 定义为长期收益率与未来短期利率预期均值之差：

$$q_t^n = y_t^n - (1/n)\ E_t\ [r_t + r_{t+1} \cdots + r_{t+n-1}] \tag{6.17}$$

由式（6.6）和式（6.7）可得未来短期利率预期为：

$$E_t r_{t+j} = \delta' E_t X_{t+j} = \delta' \bar{\mu} + \delta' P^j\ (X_t - \bar{\mu}) \tag{6.18}$$

其中 $\bar{\mu} = (I-P)^{-1}\mu$，联立方程（6.16）、方程（6.18）得到债券风险溢价方程为：

$$q_t^n = A_n - \delta'(I - (1/n)\sum_{j=0}^{n-1} P^j)\bar{\mu} + (B'_n - \delta'(1/n)\sum_{j=0}^{n-1} P^j)X_t \tag{6.19}$$

把式（6.15）代入式（6.19）可以发现如果式（6.11）最后一列为零，则式（6.19）右端的 X_t 系数为零，此时风险溢价为常数。相似地如果风险变量 ν_t 非时变，式（6.11）中 Λ 的限制形式也应意味着此时债券风险溢价非时变。因此，某种程度上不可观测变量 ν_t 的动态特征决定了风险溢价是否具有时变性。

6.4 数据及模型估计

6.4.1 数据选取及描述

本章使用我国 2002 年 1 月—2017 年 9 月季度频率的短期名义利率 r_t；通胀率 π_t；产出缺口 g_t^y 宏观数据和 1 年、3 年、5 年、7 年、10 年期的国债收益率数据，为与季度频率的通胀和产出缺口数据相匹配，对月度收益率求其季度平均值。各指标的选取说明如下：

（1）短期名义利率：国外多数学者使用 3 月期 TIPS 债券利率或 3 月期国债利率作为无风险利率，鉴于我国通胀水平高于西方国家，并且我国没有发售类似 TIPS 等对冲通胀风险的债券，所以为了选用的短期利率尽可能消除通胀影响，我们采用到期剩余期限为 1 个月的国债收益率季度平均值作为短期无风险名义利率。

（2）产出缺口：本章首先对 GDP 季度数据利用 X11 季节调整方法，

剔除季节性成分。然后利用 HP 滤波法推算出潜在 GDP，即 GDP 趋势性成分。产出缺口 =（季节调整后的 GDP - 潜在 GDP）÷潜在 GDP×100。

（3）通货膨胀率：选用消费者价格指数作为衡量通货膨胀率的指标，并使用上年为 100 基数的同比通胀率。由于官方 CPI 为月度数据，我们采用三项平均求出季度数据。①

（4）债券收益率：选用 1 年、3 年、5 年、7 年、10 年期的零息国债到期收益率数据，然后求其季度平均值，国债收益数据来自 Wind 数据库。

在数据样本期内我国一直执行的是基于部分规则的常规货币政策，因此模型估计主要考察的是较为正常的扩张和紧缩期间的货币政策、债券风险溢价和经济间的相关关联关系。

6.4.2　模型估计

模型有 8 个可观测变量，但仅有 5 个扰动项，为了避免 Ireland（2004）中所说的宏观模型随机条件下的奇异问题和 Piazzesi（2010）中所讨论的仿射模型的奇异问题，参照 Chen 和 Scott（1993）首次提出的方法，使可观测变量的个数等于冲击项个数。为此我们主观设定 1 年、5 年、10 年期国债利率有观测误差，短期利率 r_t、3 年、7 年期利率精确，如此以来模型的冲击项能解释收益曲线绝大部分的变动。

为了减少估计的参数，我们把观测数据去均值化，把式（6.6）和式（6.9）中的常数项设为零。设定通胀目标的稳态值 τ 为样本期内通胀率的平均值，这与之前假设的实际通胀等于央行通胀目标的均值相一致；利率缺口的稳态值 g^r 等于名义短期利率均值与 τ 的差值；产出缺口的稳态值 g^y 设为样本期内产出缺口的平均值，5 种收益率的稳态值用收益数据的平均值表示。

令 $d_t = [r_t \quad \pi_t \quad g_t^y \quad y_t^4 \quad y_t^{12} \quad y_t^{20} \quad y_t^{28} \quad y_t^{40}]'$，则去均值化后的可观测变量满足②：

---

① 宏观数据源自中经网。

② u 和 v 的构建细节参见附录 H。

$$d_t = UX_t + V\eta_t \tag{6.20}$$

式中，系数矩阵 U 连接了 d_t 中可观测变量和状态变量 X_t，同时也包含了截面方程限制（即无套利限制）。$\eta_t = [\eta_t^4 \quad \eta_t^{20} \quad \eta_t^{40}]$ 是 1 年、5 年、10 年收益率的测度误差项，它们服从互不相关的标准正态分布。矩阵 $V = [\sigma_4 \quad \sigma_{20} \quad \sigma_{40}]$ 识别观测误差的标准差，其中 $\sigma_4 > 0$、$\sigma_{20} > 0$、$\sigma_{40} > 0$。

状态方程（6.6）和观测方程（6.20）构成了模型的状态空间形式。在估计过程中施加两组参数约束。首先，我们限制 $\sigma_\nu = 0.01$。因为在模型中设定了由风险变量 ν_t 驱动风险溢价所有变动，如果 σ_ν 扩大或缩小 $\alpha > 0$ 倍，相应的给式（6.5）中 $\sigma_{\nu r}$、$\sigma_{\nu\pi}$、$\sigma_{\nu\tau}$、$\sigma_{\nu y}$乘以 α 倍，同时参数 ρ_ν、$\rho_{\pi\nu}$、$\rho_{y\nu}$、Λ^r、Λ^π、Λ^y、Λ^τ、Λ^ν 除以 α，这样所有可观测变量的动态行为本质上不会发生任何改变。

其次，限制通胀目标的持续性参数 $\rho_\tau = 0.99$。这样既符合通胀观测数据中高度持续性特征，又避免了估计过程中 ρ_τ 非常接近 1 而导致最大似然估计不易收敛，并且无法定义渐进长期收益曲线的问题。同时，限定式（6.6）中状态变量的持续性参数 P 和式（6.15）中 $P - \sum \Lambda$（风险中性测度下的状态变量的持续性）的特征值绝对值小于 1，以保持宏观经济和债券定价方程的动态稳定性。标准化和限制参数以后，模型还有 32 个待估计的参数。

模型采用卡尔曼滤波法，通过极大似然函数估计模型参数，采用单纯形法和高斯牛顿迭代法求解全局最优。初值的选取方法为首先为每个参数设置一个均值和方差，然后用正态分布随机函数生成多组参数初始点序列。为了寻找到全局最优，随机生成的初值最好能分散分布到不同的空间，因此设置的方差不易太小。之后对每组初值计算其似然函数值，选取似然值大且函数收敛的那组估计值。由于过多组初值所带来的庞大计算量，该方法耗时较长。本章使用 Matlab7.0 实现模型构建和估计，通过优化过程中似然函数极大值点的 Hessen 矩阵求得参数标准误。

6.5 实证分析

6.5.1 参数估计值

表 6.1 列出参数的最大似然估计值及其标准误。货币政策规则式（6.1）中的参数 $\rho_r=0.963$，表明我国利率具有平滑性，货币政策连贯性很强，这与其他许多用不同方法估计出的泰勒规则结果一致。央行对通胀率和产出缺口变动的反应系数为 $\rho_\pi=1.026$、$\rho_y=1.044$，比只用宏观经济数据估计的政策反应系数大。如马勇（2013）、万晓莉（2011）估计的通胀和产出缺口反应系数分别为 0.6769 和 0.262。

货币政策估计的差异主要因为在新凯恩斯框架或动态随机一般均衡模型框架下，前瞻性 IS 曲线是对数线性化的欧拉方程。本章式（6.13）的无套利条件和式（6.8）—(6.11）定义的名义资产定价核取代了新凯恩斯 IS 曲线。Cochrane（2011）、Joslin、le 和 Singleton（2013）、Backus、Chernov 和 Zin（2015）等从不同角度对货币政策规则进行了研究，发现由于泰勒规则和不含投资项的欧拉方程的相似性，使得政策估计非常困难，因为任何一个方程设置的变化都会导致其他方程系数估计值的变化，从而得出不同的投资者和央行行为。本章与上述研究采用了不同的实证方法，利用利率期限结构的无套利条件去识别货币政策，同时利率期限结构含有的丰富信息也有助于政策的准确估计。

表 6.1　极大似然估计和标准差

参数	估计值	标准差	参数	估计值	标准差
ρ_r	0.963	0.0678	σ_τ	0.753	0.096
ρ_π	1.026	0.126	σ_r	0.429	0.034
ρ_y	1.044	0.386	σ_π	1.063	0.098
ρ_v	0.372	0.095	σ_y	1.008	0.073
$\rho_{\pi r}$	-0.455	0.081	$\sigma_{\pi\tau}$	0.233	0.003
$\rho_{\pi\pi}$	0.9527	0.069	$\sigma_{y\pi}$	0.587	0.175
$\rho_{\pi y}$	0.077	0.043	$\sigma_{y\tau}$	0.102	0.053
$\rho_{\pi v}$	-0.496	0.201	σ_{vr}	0.014	0.004

续表

参数	估计值	标准差	参数	估计值	标准差
ρ_{yr}	-0.2491	0.113	$\sigma_{v\pi}$	-0.314	0.152
$\rho_{y\pi}$	0.285	0.186	σ_{vy}	-0.906	0.101
ρ_{yy}	0.856	0.091	$\sigma_{v\tau}$	-0.033	0.129
ρ_{yv}	-2.799	0.958	Λ_r	-180.143	34.678
ρ_{vv}	0.878	0.047	Λ_π	71.811	10.875
σ_4	0.034	0.011	Λ_y	-145.423	30.672
σ_{20}	0.027	0.010	Λ_τ	6.146	10.121
σ_{40}	0.019	0.009	Λ_v	3.769	1.231

标准泰勒规则刻画了央行调整短期利率以应对通胀和产出缺口变化的行为，本章与标准泰勒规则的本质区别是引入了风险变量。Mc Callum（2005）猜测如果把逐渐陡峭的收益曲线作为通胀和产出增长的指示器，债券风险溢价升高时，央行会提高短期利率。但这种猜测的理论基础模糊不清，本章估计出显著的 $\rho_v = 0.372$，表明我国央行同时也关注金融风险，会采取持续紧缩的货币政策来应对增大的风险溢价。

表 6.1 中 $\rho_{\pi v}$、ρ_{yv}度量了风险因子对通胀和产出缺口的影响系数，估计的数值绝对值较大，尤其是 ρ_{yv}系数，表明我国产出对金融市场风险具有较高敏感度，负值表明当风险增大时产出和通胀率下降；$\rho_{\pi\pi}$、ρ_{yy}绝对值很大，说明我国通胀和产出均具有很强的持续性；$\rho_{\pi r}$、ρ_{yr}值反应出通胀和产出对货币政策变化敏感；$\rho_{vv} = 0.878$ 表明金融市场风险具有持续性特点。σ_{vr}、$\sigma_{v\pi}$、$\sigma_{v\tau}$、σ_{vy} 捕捉影响风险因子的宏观扰动波动率，其中 σ_{vr}、σ_{vy}绝对值大且统计上显著，表明货币政策冲击和产出缺口冲击对债券风险有统计显著的影响，而通胀和通胀目标冲击影响不显著。

矩阵 Λ 把风险变量 ν_t 的变动与风险价格联系起来。表 6.1 显示出风险价格系数 Λ_r、Λ_y、Λ_π 数值很大，且 Λ_r，Λ_y 为负数，因而货币政策、产出和通胀是风险价格的主要决定因素，我国债券市场存在风险溢价且时变性主要与这三种因素相关。虽然本章的通胀目标具有“水平因子”的特性（图 6.5 通胀目标的脉冲响应图刻画出该特征），且 Cochrane 和 Piazzesi（2008）认为在仅由单因子驱动债券风险溢价的模型中，时变性只与水平因子风险价格相关，但模型估计出的 Λ_τ 值相对较小且统计上不显著，通胀预期对我国债券风险影响不明显。

图 6.1 为设定有观测误差的 1 年、5 年、10 年期国债收益率和拟合曲线对比图，直观看模型拟合的效果较好，SDME（Standard Deviation of Measurement Error，观测误差的标准差）表示模型观测误差的标准差，各期限国债收益率观测误差均保持在 5 个基点内，分别为 0.0339、0.0273 和 0.0192。

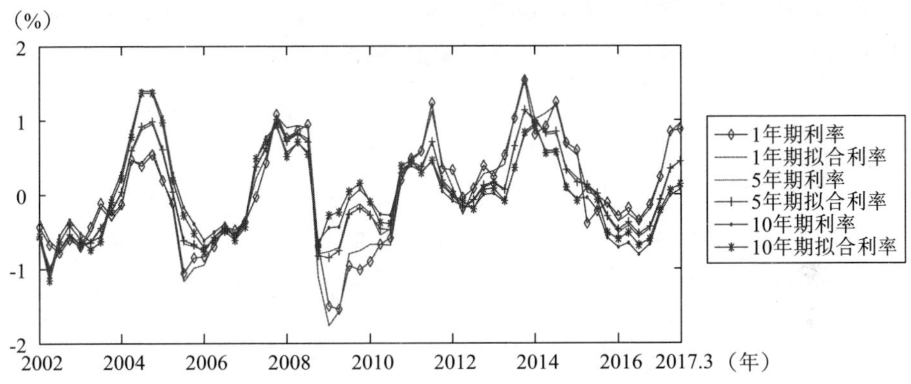

图 6.1　1 年、5 年、10 年国债名义收益曲线和拟合曲线对比图

6.5.2　脉冲响应分析

图 6.2 到图 6.6 是模型 5 种冲击对状态变量、收益率和风险溢价的脉冲响应图，其中产出缺口用它与潜在产出偏差的百分比表示，通胀和利率用年化百分点表示。因为式（6.5）定义通胀目标的动态和其他变量无关，所以除了对其自身冲击有反应，其他 4 种冲击的反应均为水平 0。

图 6.2 是单位正向标准偏差的货币政策冲击时序响应图。第一列显示紧缩货币政策冲击使短期名义利率迅速上升 40 个基点，大约 2 个季度后平缓下降收敛于初始值；与一般的向量自回归模型反应相似，通胀率先缓慢下降，20 个季度后向初始值回返；同样地升息冲击使产出下降，之后随着冲击影响减弱逐渐上升，这与利率升高会降低通胀、产出的经济直觉相一致；面对货币政策紧缩冲击，金融市场反应灵敏，风险上涨。

图 6.2 中间一列显示，5 种期限的收益率在短期利率上涨的冲击下均会迅速上升，但上升周期很短，大约 2 个季度后开始均值回返过程，说明紧缩货币政策冲击，不会造成短期利率预期的持续性上涨。长期利率的上涨幅度随着期限的增大而减少，表明期限越长利率对货币政策冲击

反应越弱。最后一列显示，面对利率上涨冲击，五种债券的风险溢价均先上升，之后逐渐下降，与风险因子的反应方向一致。期限越短上升越慢，相比于1年期债券溢价大约经过7年后才升到峰值，10年期长期利率的溢价大约3年就达到峰值，说明期限越长，风险溢价对政策变化越敏感。因此，紧缩货币政策冲击使我国产出降低，风险溢价升高；货币政策通过影响风险溢价和短期利率预期的路径可以改变收益曲线形状。

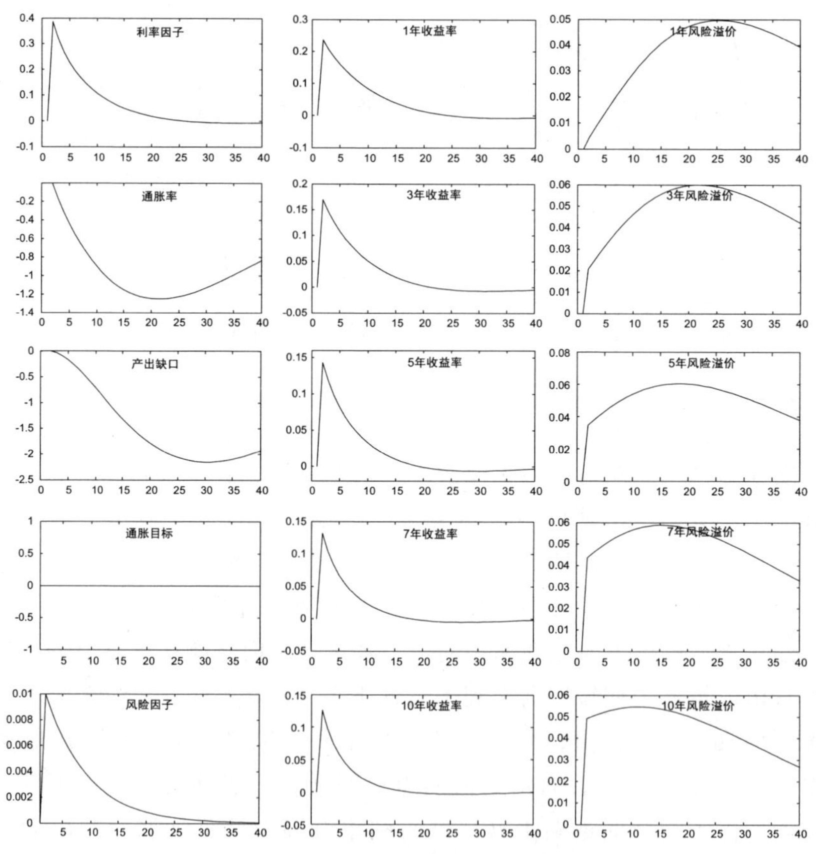

图 6.2 货币政策脉冲响应图

由于本章模型设置风险因子是风险溢价时变性的唯一驱动来源，所以风险因子冲击可看作风险溢价冲击，图6.3是单位正向标准偏差的风险溢价冲击 ε_v 时序响应图。第一列显示风险增大时，短期利率上升，这是因为我们估计出的政策规则式（6.1）中正 ρ_v 值使得当风险上升时引发紧缩的货币政策；通胀和产出缺口在冲击下长时期地下降，说明风险溢价增大会降低经济活力。这与 Rudebusch Sack 和 Swanson（2007）所述的来自于实践角度的观点一致，也就是与典型的总需求冲击一样，风险溢价升高，导致长期利率增大进而减缓经济增长。相反降低风险溢价，能降低长期利率，促进经济增速发展。中间列显示风险溢价增大会使所有期限的收益率上升，且随着期限增大，上升幅度减小。第三列显示所有期限风险溢价增加，上升周期与货币政策冲击一样，随着期限增大，上升周期缩短，10 年期风险溢价大约 1 个季度后就开始下降。

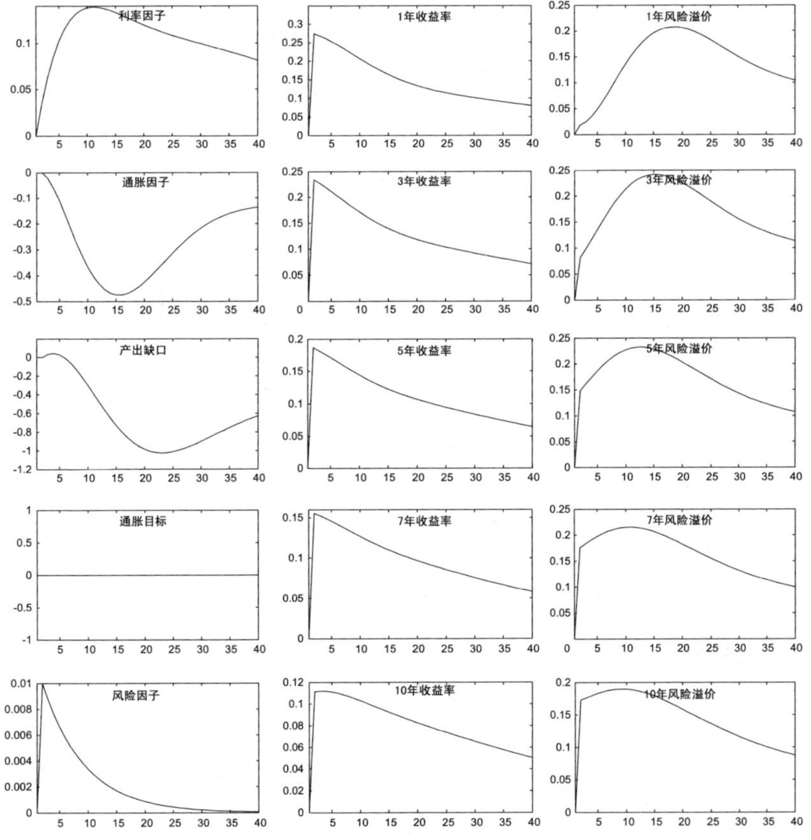

图 6.3　风险溢价的脉冲响应图

图6.4是单位正向标准偏差的通胀目标冲击时序响应图。第一列显示短期利率上升，并且长时间保持不变；实际通胀逐渐上升，峰值超过了通胀目标上涨的峰值，这与图6.7显示的我国实际通胀水平长期高于通胀目标的实践经验相一致；同时产出水平也上升，反映了冲击隐含着扩张的货币政策行为；值得注意的是在我国通胀预期的上涨反而导致金融风险下降。

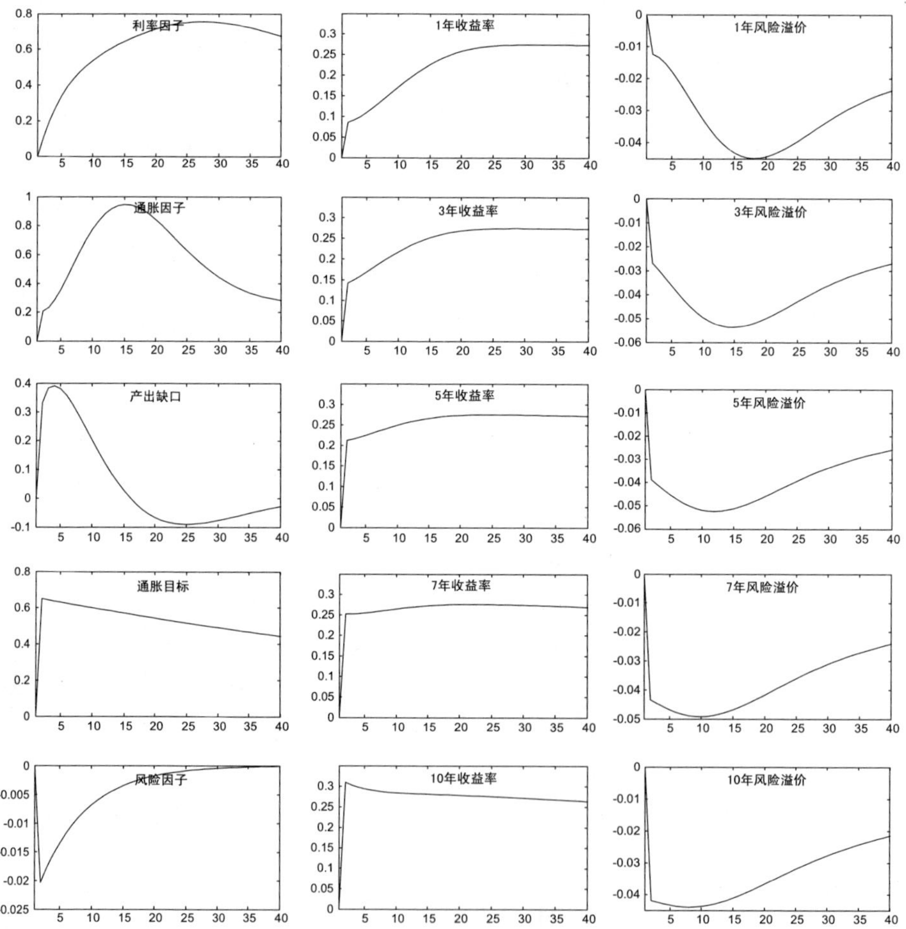

图6.4 通胀目标冲击脉冲响应图

由于本章把式（6.5）中通胀目标持续性参数 ρ_τ 固定在 0.99 的水平，所以受到通胀目标上涨冲击时，所有期限的债券收益率上升，且长期保持不随时间衰减。随着期限增长，收益率受冲击影响也越大，10 年期债券比 1 年期多升高了 20 个基点。冲击响应表明通胀目标冲击会形成未来短期利率持续上涨的预期，我国长期利率受预期影响大，因而长期利率增幅大于短期利率。通胀目标冲击的脉冲响应图表明其作用类似于传统潜因子仿射期限结构模型中“水平因子”，Bekaert 等（2010）研究也发现“水平因子”的变化主要由通胀目标冲击解释。第三列显示债券风险溢价略微下降，所以通胀目标冲击主要是通过重新修正短期利率路径的未来预期来影响长期利率。

图 6.5 是单位正向标准偏差的通胀冲击时序响应图。总体上看涨价冲击对其他变量影响显著，尤其是产出涨幅较大，各个期限利率也快速上涨。但债券风险溢价并没有随着利率的上升而上升，反而下降。大约 1 个季度后收益率开始下降，债券溢价又开始上升。此时收益率和溢价负相关关系表明，通胀预期对我国债券收益率的影响大于风险溢价。通胀冲击使得通胀预期和未来短期利率预期上涨，因而收益率快速上涨，上涨幅度随着期限变长而下降。

通胀冲击带来产出升高，引起消费增长，边际效用降低使得投资者要求溢价补偿跨期消费效用损失风险的补偿减少。且在我国补偿减少的影响抵消了反方向的通胀上涨带来消费减少，边际效用升高，通胀风险溢价补偿增大的影响，此时债券作为良好的投资工具而非风险资产，因此风险溢价下降。期限越长则风险溢价对通胀冲击反应越弱，进一步反映出我国长期债券受通胀风险影响不大。

图 6.6 是单位正向标准偏差的产出冲击时序响应图，它使产出缺口、通胀、短期利率、各个期限的收益率均明显上升，与一般实际经验相符。而冲击影响下风险变量下降，各个期限的债券风险溢价也降低，尽管 1 年期风险溢价有小幅上升，但很快开始下降。虽然在通胀冲击下，债券溢价也先降后升，但产出冲击下，5 年、7 年、10 年溢价下降幅度大且持续时间长，进一步反映出我国中长期债券对产出冲击的反应强于通胀冲击。

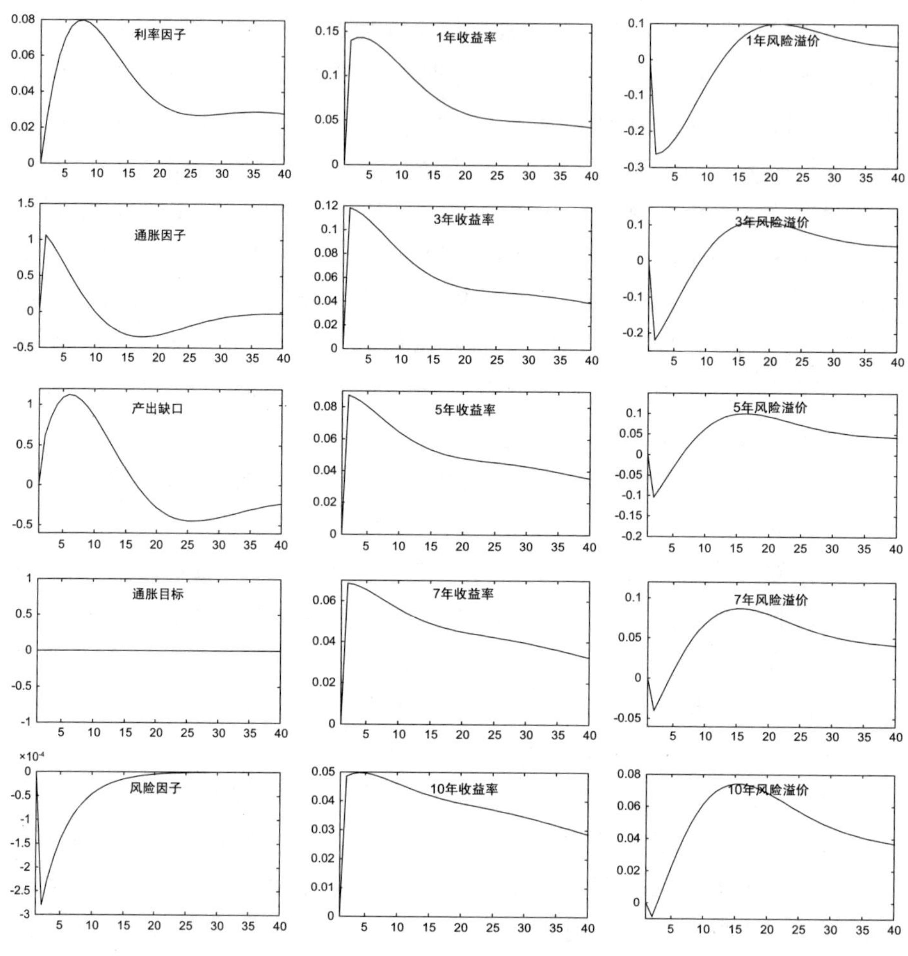

图 6.5　通胀冲击脉冲响应图

根据脉冲响应分析，图 6.7 描绘出了货币政策、风险溢价和宏观经济的交互影响机制，揭示出我国货币政策具有风险溢价传导渠道，溢价具有逆周期性。紧缩的货币政策不仅使未来短期利率升高，同时也会导致风险溢价增大，而增大的风险溢价会刺激产出和通胀的下降；相反宽松的货币政策能降低风险溢价，低水平的溢价在升高通胀的同时也能促进产能提高。

同时，图 6.7 也给出紧缩的货币政策使产出、通胀水平降低进而增大溢价的渠道；风险溢价加大会影响货币政策决策，升高短期利率从而降

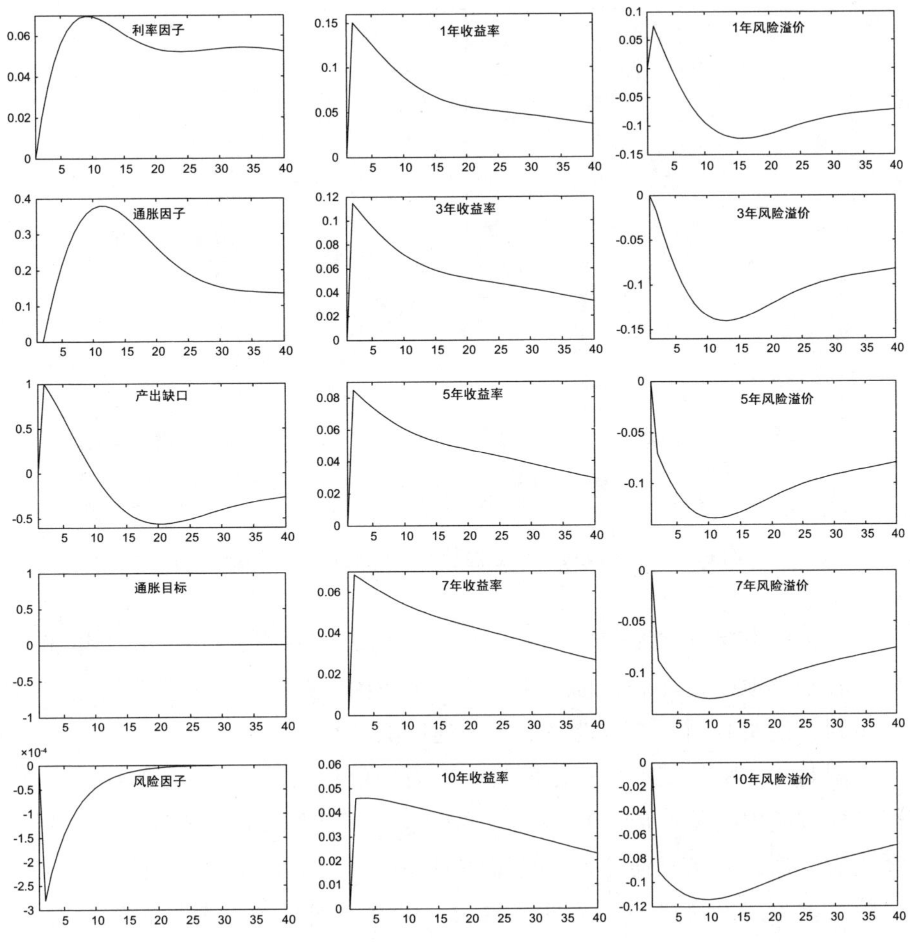

图 6.6　产出冲击脉冲响应图

低产出、通胀的渠道，以及增加需求和供给冲击可以降低溢价、促使利率走低，政策宽松等等多条渠道。因此，综合以上所有内容表明，金融市场和宏观经济作为一个整体通过多种渠道相互影响，这在其他文献中研究较少。

图 6.8 上图是卡尔曼滤波平滑算法得出的去均值化通胀目标 τ_t 时序图，下图是我国 2002—2017 年第三季度去均值化实际通胀率。对比两图我们看到样本期内我国去均值化的通胀目标比较平稳，基本保持在 -2%—2%。在 2006 年之前我国实际通胀与通胀目标基本接近，但

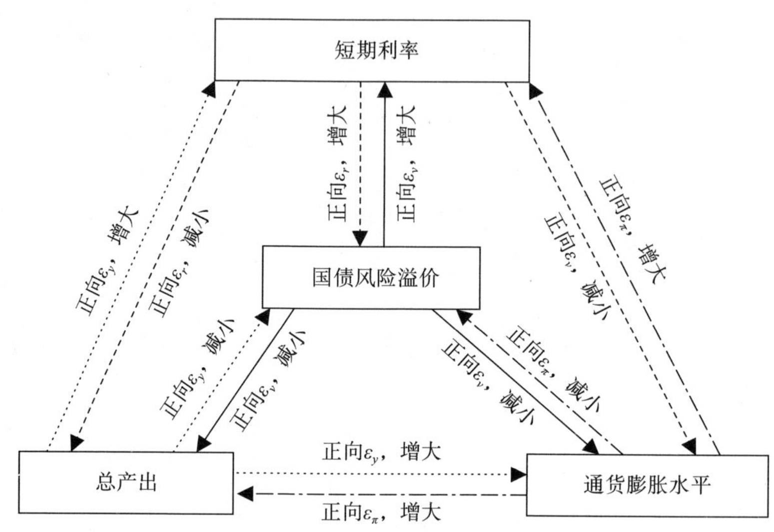

图 6.7　货币政策、风险溢价和宏观经济交互影响机制

2006—2012 年我国通胀经历多轮过山车式的大幅升降，直到 2013 年起通胀又较平稳地接近通胀目标。对比图 6.1 我国收益率序列和图 6.8 通胀目标序列，说明我国利率波动受通胀预期影响较小。

图 6.9 上图是模型计算出的五年期去均值化风险溢价 q_t^{20} 时序图，下图是样本期内实际产出缺口序列，两图展示了我国 2002—2017 年第 3 季度之间无论是通胀时期还是通货紧缩时期，风险溢价都具有逆周期特征，风险溢价与产出缺口的相关性系数为 -0.48，实证数据与脉冲响应分析结论一致。Peter（2015）对美国数据的研究表明，1989 年前美国债券风险溢价是逆周期，总需求冲击是其驱动因素，而通胀冲击也即总供给冲击是 2000 年后风险溢价顺周期的驱动因素。本模型实证检验出我国无论是需求冲击还是供给冲击均使风险溢价逆周期变动。陈蓉和廖木英（2015）通过采用卡尔曼滤波估计了我国仿射利率期限结构模型，获得了 1—7 年期债券的风险溢价，研究得出风险溢价大小会随期限增加而增加，经济萧条时上升，繁荣时下降，与本章研究结论一致。

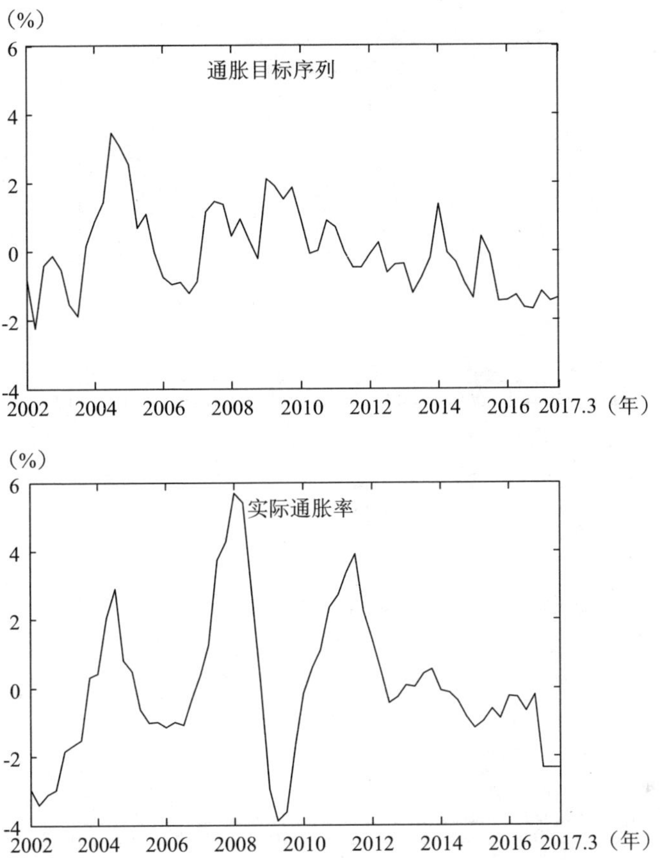

图 6.8　我国去均值化的通胀目标和实际通胀时序图

6.6　小结

为了厘清货币政策、风险溢价和宏观经济三者之间的交互关系，解答我国货币政策松紧对长期债券风险溢价波动的影响，风险溢价的变化是否能通过总需求的渠道影响到我国产出和通胀等问题，本章构建了含有三个可观测和两个不可观测宏观因子（风险因子和通胀目标因子）的仿射无套利期限结构模型，利用无套利约束下的宏观经济向量自回归模

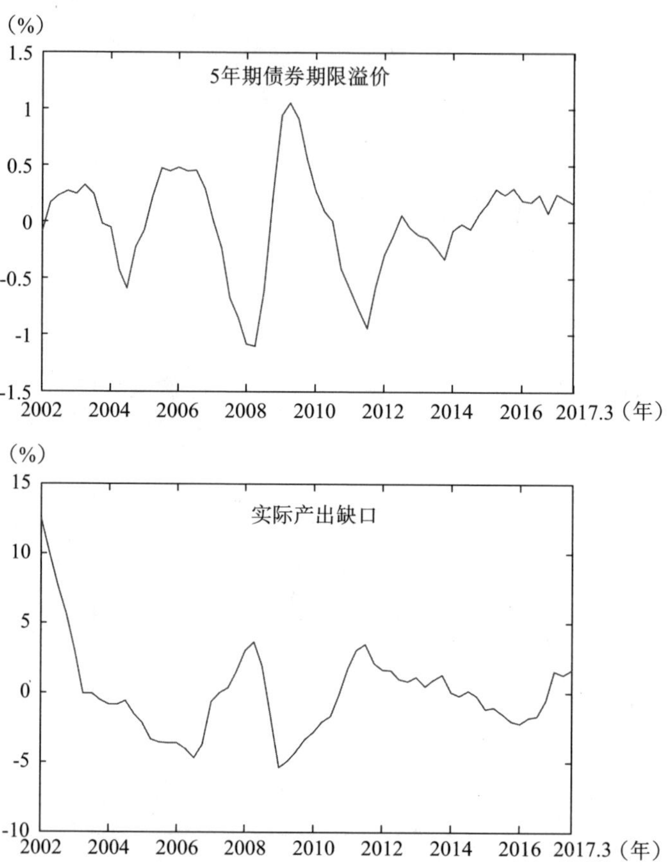

图 6.9　5 年期债券去均值化风险溢价和实际产出缺口时序图

型识别出了货币政策反应和冲击，通过卡尔曼滤波平滑技术、极大似然估计和脉冲响应等计量方法，分析了货币政策、风险溢价、宏观经济的多条传导渠道。

模型设置了金融风险因子作为风险溢价时变性的唯一驱动因素，同时设置风险因子受宏观和货币政策冲击影响，其影响类似于总需求的扰动作用。这种灵活简洁的设置一方面减少了待估参数，避免过度参数化；另一方面更有助于分析风险溢价波动的深层次经济根源，以及政策冲击和风险溢价冲击对产出和通胀的传导影响。

研究得出，我国货币政策的风险溢价传导渠道作用效果较明显，紧缩的货币政策增加风险溢价，宽松的货币政策降低风险溢价，降低风险溢价能够增加产出和通胀率，促进经济增速发展，反之高风险溢价不利于经济增长。期限越长收益率对货币政策冲击反应越弱，而风险溢价对政策变化越敏感，即长期债券的风险溢价受货币政策影响更大，政策调控对长期溢价会有显著改变。此外实证结果还显示，我国央行不仅会在产出缺口和通胀率增加时提高短期利率，而且当风险溢价变大时也会缩紧银根。

通胀目标冲击会形成未来短期利率持续上涨的预期，通过重新修正短期利率路径的未来预期来影响中、长期利率。我国长期利率受通胀预期影响大，因而通胀目标升高时，长期利率增幅大于短期利率。当产出和通胀增大时，短期利率和各期限的收益率均上涨，但风险溢价却下降，表征出风险溢价的逆周期性，以及通胀预期比风险溢价对我国中、长期利率的影响更大。同时，也反映出我国长期债券溢价受通胀预期和通胀风险影响有限，期限越长，风险溢价对通胀冲击反应越弱。

实证结果发现我国国债中、长期风险溢价大小和符号主要受货币政策和产出消费水平影响，通胀预期和通胀风险不是其主导因素。本章认为样本期内，我国经济腾飞发展，国民经济总产出保持近两位数的增长，尽管通胀也高于发达国家，但我国投资者更倾向于认为是需求冲击而非供给冲击推动了我国经济。因此，风险溢价表现出逆周期性的特点，我国的投资者对通胀风险补偿要求较小。所以投资者把债券投资主要作为产出消费的有益对冲，是一种良好的投资工具，而不是把债券作为风险资产。

本章研究认为我国货币政策的风险溢价传导渠道具有一定作用效果，降低我国债券风险溢价能够一定程度地刺激经济，提高产出。但引导通胀预期和紧缩通货对降低我国债券风险溢价的作用有限，而采取宽松的货币政策以及增加产出消费能够更大程度地降低风险溢价。

第 7 章

总结与启示

7.1 研究总结

在当前经济新常态下，为了构建适应经济发展新常态的货币政策体系，需要完善我国货币政策操作目标，转变货币政策调控方式，疏通货币政策传导渠道和提升货币政策执行效果。本书利用利率期限结构和货币政策的动态关联关系，研究了货币政策调控方式对我国国债收益率和风险溢价的影响，以及利率期限结构对货币政策实施和传导效果的反馈影响与作用机制。具体研究了以下四个问题：

（1）历史上货币政策和金融政策的重大改革对利率期限结构是否有重要影响，是否会导致利率期限结构呈现出复杂的非线性特征？

（2）在操作规范由被动的相机抉择向主动的承诺规则转型之际，提高政策信誉是否有助于稳定债券市场，减少债券风险溢价水平和波动？政策信誉度和溢价水平是否负相关？

（3）在操作目标由数量型向价格型过渡之际，如何利用无套利条件下利率期限结构的丰富信息，提高政策利率规则的前瞻性、科学性和执行效果，以达到提高产出、稳定价格、促进就业、防范金融风险的最终目标？

(4) 随着利率市场化改革的深入推进和债券发行、交易量的逐年上升，债券市场价格发现功能逐步完善，利率期限结构对我国宏观经济和金融市场的作用日益加大，我国债券风险溢价是否具有周期性特征？债券的风险溢价渠道在我国货币政策传导中是否发挥作用？

针对以上问题，查阅、学习了国内外大量关于利率期限结构、货币政策及宏观经济关联的研究文献，学习了多种动态利率期限结构宏观金融模型的构建、估计和检验方法，通过采用理论分析和实证研究相结合的方法对上述四个问题展开了深入研究。研究基于我国 2002 年 1 季度—2017 年 3 季度的国债即期收益率历史数据，结合我国目前经济和金融现实状况，分别构造了简约式宏观金融、基于新凯恩斯结构的宏观金融和动态随机一般均衡框架下的宏观金融等多个类型的利率期限结构计量模型。同时，采用极大似然估计法、马尔科夫链蒙特卡洛（MCMC）方法、卡尔曼滤波、chow 结构变点检验、似不相关回归技术（SUR）、脉冲响应分析等多种计量方法对模型进行估计、检验和分析。本书的研究内容和结论总结如下：

(1) 为了检验货币政策变化对利率期限结构的影响机制，本书构建了结构型宏观金融模型，因子动态方程由新凯恩斯一般均衡理论推导，内生化宏观变量和货币政策规则，从经济金融联合视角刻画国债利率形成机制。

实证得出：我国债券市场投资者的主观通胀预期有很强的惯性；我国通胀率几乎不受主观通胀预期的影响，通胀滞后值是其主要影响因素；利率自身具有很强的平滑倾向，央行对除产出和通胀以外其他相关冲击反应较小，货币政策持续性主要源于利率自身惯性。

此外，研究表明我国货币政策的风险价格参数对国债收益率影响很大，我国投资者对货币政策的波动较敏感，对货币政策波动风险要求更多的补偿。经过 2005 年利率市场化进程的推进以及股改、汇改、权证重返股市、银行全面开放等革新以后，实证显示货币政策波动率减小，与货币政策波动相关的风险溢价也降低了，从而导致利率期限结构出现非线性特性。因此货币政策的稳定性，以及投资者对货币政策不确定性风险的补偿要求对利率期限结构具有重要影响。

（2）本书在社会福利损失最小的最优货币政策约束条件下，构建了基于动态随机一般均衡结构（DSGE）的宏观金融模型，分别从理论分析和实证角度对比了相机抉择和事先承诺规则制两种不同操作规范和政策信誉对最优均衡产出、通胀、利率期限结构和风险溢价的影响差异。

研究得出：相较于相机抉择调控方式，承诺规则制下产出增长更稳定，通胀持续性降低，不易出现持续性通胀或通缩。承诺制下产出和通胀对价格冲击敏感性降低、货币政策可信度提高、社会福利增加、宏观稳定性增强。承诺规则制下短期利率的均值和波动率均比相机抉择时高，长期利率波动降低，预防性储蓄动机的减少提高了平均短期利率，同时利差更低，对预期假说的偏离更小。最优货币政策、政策信誉不影响生产技术和习惯偏好冲击的风险价格，但承诺制下价格冲击的风险价格的绝对值比相机抉择时低，因此政策信誉不影响生产技术和偏好冲击生成的溢价，它仅仅影响价格冲击引起的风险溢价。债券回报只受价格冲击的影响，且随着政策可信度提高，影响降低。

总之承诺规则制下，由于货币当局对公众做出了盯住通胀目标的承诺，进一步稳定了通胀和产出，价格冲击对产出和通胀的影响降低了，同时债券市场长期利率波动降低，说明此时宏观经济环境更加稳定。因而此时市场对通胀风险的反应不再那么敏感和脆弱，政策信誉的提高显著减少了系统性通胀风险的补偿索取，风险溢价的绝对值和时变波动率均比相机抉择时低。

（3）本书利用仿射无套利国债利率期限结构的内基宏观金融模型，首先从理论上探索把利率期限结构信息纳入利率规则的有效途径，拓展了传统泰勒规则，得到基准型、前瞻型、后顾型、前瞻后顾混合型四种无套利泰勒规则，为我国建立价格型操作规则提供了丰富的计量模型。在利率期限结构横截面方程无套利条件限制下，长期利率是经风险调整的未来短期利率的期望，利率期限结构可为未来短期利率和宏观变量提供一致预期信息。通过与传统单方程模型对比，本书检验了利率期限结构丰富的信息和实时数据对泰勒规则估计、识别的影响。

研究得出：无套利泰勒规则与传统单方程泰勒规则存在明显差异。在无套利泰勒规则中，利率减小了对产出缺口的反应，对通胀的反应更积极。特别是无套利前瞻型和混合型规则，由于利用了期限结构中丰富的宏观变量预期信息，极大地改进了模型估计准确性和前瞻性，而单方程前瞻规则由于缺乏高效、及时、前瞻的信息，对产出刺激“用力过猛”。

因此，在实际操作时应用无套利泰勒规则能避免对经济刺激过度，以及对通胀率控制不够，能提高政策规则的前瞻性和科学性。此外，实证拟合表明我国的货币政策操作在一定程度上存在以无套利混合型泰勒规则为特征的客观规律性，对经济形势发展具有高度前瞻指引性。因此，无套利混合型泰勒规则可以作为判断我国货币政策规则松紧以及评价宏观经济调控效果的一个参照尺度。

(4) 本书构建了一个较为灵活的宏观金融仿射无套利模型，债券风险价格由一个不可观测的风险因子驱动，实证检验了我国货币政策的风险溢价传导渠道是否通畅，传导效果如何，风险溢价的周期性特征以及货币政策、风险溢价、宏观经济交互影响关系。

实证得出：我国货币政策具有风险溢价传导渠道，紧缩的货币政策增加风险溢价，宽松的货币政策降低风险溢价，降低风险溢价增加产出和通胀率，促进经济增速发展；反之高风险溢价不利于经济增长。期限越长收益率对货币政策冲击反应越弱，而风险溢价对政策变化越敏感，即长期债券的风险溢价受货币政策影响更大，政策调控对长期溢价的影响会更显著。

当产出和通胀提高时，风险溢价下降，表征出风险溢价的逆周期性；此时所有期限的收益率却均上涨，反映出通胀预期对我国中、长期利率的影响比风险溢价大；我国长期债券风险溢价受通胀预期和通胀风险的影响有限，且期限越长，风险溢价对通胀冲击反应越弱。引导通胀预期和紧缩通货对降低我国债券风险溢价的作用有限，而采取宽松的货币政策以及增加产出消费能够更大程度地降低风险溢价。

因此，本书认为宽松的货币政策通过降低风险溢价的渠道可以增加产出，但同时也升高通胀，我国货币政策的风险溢价传导渠道具有一定作用效果。我国国债中、长期风险溢价大小和正负主要受货币政策和产出消费水平影响，通胀预期和通胀风险不是其主导因素。本书认为样本期内，我国经济腾飞发展，国民经济总产出保持近两位数的增长，尽管通胀也高于发达国家，但我国投资者更倾向于认为是需求冲击而非供给冲击推动了我国经济。因此，我国投资者对通胀风险补偿要求较小，投资者把债券投资主要视为产出消费的有益对冲，是一种良好的投资工具，而非风险资产。

7.2 对我国货币政策实施的启示

稳定利率的关键是降低债券市场的风险水平，投资者对货币政策不确定性风险的补偿要求对利率期限结构具有重要影响。我国货币政策的风险价格参数对国债收益率影响很大，我国投资者对货币政策的波动较敏感，对货币政策波动风险要求较高的风险补偿。因此，本书建议货币当局应稳定推进货币政策改革，以降低因政策波动而引起的投资者对未来预期不确定性所要求的风险补偿。增加政策透明度，减少市场对政策的误读、误判与不确定性。实际操作中央行应明确货币政策目标偏好，在多个目标之间做好取舍，避免目标不清晰，左右摇摆；进一步提高信息披露水平，丰富信息披露的平台，增强信息披露的时效性，改善信息的可读性与完整性，同时进一步提高市场参与者对信息的认知和学习能力。

我国投资者对系统性通胀风险有补偿索求。相比相机抉择制，承诺规则制货币政策信誉度的提高能显著减少通胀风险的裸露，降低市场风险溢价的绝对值和时变波动率，市场对通胀风险的反应不再那么敏感和脆弱。因此，为了减小债券市场金融风险，本文建议央行应该在增强政策透明度的基础上，再进一步提高政策信誉，尽量做到“言既出，行必果”，真诚践行承诺，增强公众的信任度。

但是由于宏观经济的波动受很多可控因素和不可控因素的影响，因而现实中货币政策经常面临动态不一致性的问题，如果央行迫于形势调整之前的承诺，必将影响到货币政策的可信度，并最终影响公众对市场走势的预期。所以央行在披露其政策目标、操作规范等信息时要结合经济环境的复杂性和政策效果的时滞性，应做出有限度、有条件，相对短期的承诺，尽量避免政策动态不一致性。一旦政策调整和变化，应及时地、全面地向公众进行解释。通过对当前形势的评估和说明，提出有说服力的证据，从而获得公众的理解、支持和信任。

我们发现纳入利率期限结构信息的利率规则能避免对经济产出刺激过度，以及对通胀率控制不当，能提高政策规则的前瞻性和科学性，中、长期利率信息对政策制定具有不容忽视的作用。因此，建议我国央行应继续重视利率数据的及时收集、确保信息的准确性和可靠性、提高信息处理、使用水平，进一步增强利率规则的前瞻性和有效性，降低货币政策的动态不一致性，增强货币政策执行效果。

同时我们也发现，我国国债中、长期风险溢价大小和正负主要受货币政策和产出消费水平影响，通胀预期和通胀风险不是其主导因素。我国投资者把债券投资主要视为产出消费的有益对冲，是一种良好的投资工具，而非风险资产。产出的稳定增长是降低、稳定我国债券市场风险溢价的主要方式。因此，本书建议我国货币当局在高产出与低通胀目标的两难抉择上，可以把重心放在提高经济产出上，应发挥我国货币政策风险溢价传导渠道的作用。宽松的货币政策能降低风险溢价，可以进一步促进我国产能增加，经济活力上升，与此同时产出消费的增加反过来又会进一步降低、稳定债券市场风险水平和波动，使我国宏观经济和金融市场步入良性循环发展中。

但是我们也不能忽视宽松的货币政策和拉低的风险溢价在某种程度上会引起通胀水平上涨，加大了价格冲击对经济活动、债券收益，以及其他金融子市场的负面影响。所以鉴于经济环境的复杂性，以及通胀对国民经济和金融市场风险的整体影响，本书建议实施稳健中性的货币政策，并同时与宏观审慎政策协调搭配。这样既能发挥我国货币政策风险溢价传导渠道的作用，又能保证我国新常态经济下增长稳定、价格稳定、金融稳定。

总之，通过本书的理论分析和实证研究，我们发现提高央行与公众的沟通水平和质量，增加政策透明度，减少政策的不确定性和政策波动；做有限度、有条件的短期承诺，履行承诺，提高政府公信力和信誉；充分利用好利率期限结构的信息数据；央行偏好产出政策目标，采取稳健的货币政策等一系列措施都能有效降低债券市场风险溢价水平及波动，减少我国利率期限结构对预期假说的偏离，增强其对宏观经济和未来短期利率预测指示功能，发挥货币政策风险溢价传导渠道的作用，使我国利率期限结构更好地为货币政策实施、宏观经济繁荣和金融市场稳定发挥作用。

7.3 对债券市场发展的启示

我国货币政策具有风险溢价传导渠道，降低我国债券风险溢价能够一定程度地刺激经济，提高产出和通胀。同时，利率期限结构的丰富信息对政策的制定具有重要参考作用。因而我们应减少债券市场的风险波动，加快债券市场的健康、稳定发展，使其在我国货币政策实施和宏观经济发展中发挥更加积极的作用。本书建议进一步健全金融债券市场体系，创建一个高效、稳定、公平的债券交易环境；完善金融债券市场的信息披露制度，提高市场参与者对市场信息的认知和学习能力；推进二级市场有序发展，促进金融债券市场的流动性，增强债券价格市场发现功能；减少金融摩擦对传导效率的损失。

2005 年利率市场化进程的推进以及股改、汇改、权证重返股市、银行全面开放等革新对当时我国债券市场风险价格产生了非常显著的影响，导致利率期限结构不稳定，表现出非线性特征。因此，我们应该加强利率风险控制和管理能力，通过宏观审慎政策工具有效管理利率风险，切实发挥债券市场防范化解金融风险的作用。同时，不断创新金融工具，完善以利率期货、期权为主的、更健全和多元的利率衍生品市场，为市场参与者提供更多对冲利率风险的工具，这对稳定我国债券市场价格，降低债券风险溢价，促进金融市场繁荣稳定发展具有重要意义。

附　　录

附录 A：第 4 章相机抉择下的均衡产出和通胀表达式推导过程

推导相机抉择下的均衡产出和通胀表达式（4.12）、式（4.13）。

令 $z_t = x_t + (\omega + \gamma)^{-1} l_t$，在相机抉择下，$t$ 时的社会福利最小化问题简化为：

$$\max -\frac{1}{2}\left[z_t^2 + \frac{\theta_g}{\kappa}(\pi_t - \pi^*)^2\right] \tag{A1}$$

相应的约束条件方程为：

$$\pi_t - \pi^* = \kappa z_t + F_t \tag{A2}$$

其中，$F_t = \beta_g E_t[\pi_{t+1} - \pi^*] + \frac{\kappa}{\omega + \gamma}\zeta_t$ 视为既定。

求最优化一阶约束条件可以得到 $\pi_t - \pi^* = -\frac{1}{\theta_g} z_t$，把该式代入（A2）得到线性理性预期方程：

$$\pi_t - \pi^* = -\kappa\theta_g(\pi_t - \pi^*) + \beta_g E_t[\pi_{t+1} - \pi^*] + \frac{\kappa}{\omega + \gamma}\zeta_t \tag{A3}$$

假定最优通胀解的形式为：$\pi_t = \pi^* + \upsilon_\zeta^d \zeta_t$，代入式（A3），得出系数

υ_ζ^d 满足方程：

$$(1+\kappa\theta_g)\ \upsilon_\zeta^d=\beta_g\phi_\zeta\upsilon_\zeta^d+\frac{\kappa}{\omega+\gamma}$$

所以：$\upsilon_\zeta^d=\dfrac{\kappa}{(\omega+\gamma)\ (1+\kappa\theta_g-\beta_g\phi_\zeta)}$

由 $\pi_t-\pi^*=-\dfrac{1}{\theta_g}z_t$，有 $\Delta z_t=-\theta_g\Delta\pi_t$，即 $\Delta x_t+\dfrac{\Delta l_t}{\omega+\gamma}=-\theta_g\Delta\pi_t$。则根据产出缺口为 $x_t\equiv y_t-y_t^f-(\omega+\gamma)^{-1}\zeta_t$，习惯缺口 $l_t\equiv q_t-q_t^f$，潜在对数产出 $y_t^f=\dfrac{1}{\omega+\gamma}[-q_t^f+(1+\omega)a_t-\zeta_t]$，可推导出相机抉择下的均衡产出和通胀为：

$$\Delta y_t^d=\frac{1}{\omega+\gamma}[-\Delta q_t^d+\ (1+\omega)\ \Delta a_t]-\theta_g\Delta\pi_t^d \tag{A4}$$

$$\pi_t^d=\pi^*+\nu_\zeta^d\zeta_t \tag{A5}$$

其中：$\nu_\zeta^d=\dfrac{\kappa}{(\omega+\gamma)\ (1+\kappa\theta_g-\beta_g\phi_\zeta)}$

因此（A4）、（A5）即为正文式（4.12）、式（4.13）。

附录 B：第 4 章承诺规则制下的均衡产出和通胀表达式推导过程

推导承诺规则制下的均衡产出和通胀表达式式（4.14）、式（4.15）。

事先承诺制下的最优货币政策满足：

$$\min\frac{1}{2}E\left\{\sum_{t=0}^{\infty}\beta_g^t\left[(x_t+\frac{1}{\omega+\gamma}l_t)^2+\frac{\theta_g}{\kappa}(\pi_t-\pi^*)^2\right]\right\} \tag{B1}$$

约束条件为：

$$\pi_t-\pi^*=\kappa x_t+\frac{\kappa}{\omega+\gamma}l_t+\beta_g E_t[\pi_{t+1}-\pi^*]+\frac{\kappa}{\omega+\gamma}\zeta_t \tag{B2}$$

令 $z_t=x_t+(\omega+\gamma)^{-1}l_t$，则代入方程（B2）有：

$$z_t=\frac{1}{\kappa}(\pi_t-\pi^*-\beta_g\mathrm{E}[\pi_{t+1}-\pi^*]+\frac{\kappa}{\omega+\gamma}\zeta_t) \tag{B3}$$

把式（B3）代入式（B1）的福利函数中得到一个仅和当期通胀及未来预期通胀相关的函数，求其最优化一阶条件得到：

$$\beta_g^t\left[\frac{1}{\kappa}z_t+\frac{\theta_g}{\kappa}(\pi_t-\pi^*)\right]-\beta_g^{t-1}\frac{\beta_g}{\kappa}z_{t-1}=0$$

即有：$\Delta z_{t-1}=-\theta_g(\pi_t-\pi^*)$

把该式代入式（B2），得到：

$$-\frac{1}{\theta_g}(z_t-z_{t-1})=\kappa z_t-\frac{\beta_g}{\theta_g}\mathrm{E}[z_{t+1}-z_t]+\frac{\kappa}{\omega+\gamma}\zeta_t \tag{B4}$$

设 $z_t=\varphi_1 z_{t-1}+\varphi_2\zeta_t$，代入式（B4），则理性预期方程（B4）的系数满足：

$$\begin{aligned}&\varphi_1^2-\frac{1}{\beta_g}(\kappa\theta_g+1+\beta_g)\varphi_1+\frac{1}{\beta_g}=0\\&\varphi_2=-\frac{\kappa\theta_g}{(\omega+\gamma)(\kappa\theta_g+1+\beta_g-\beta_g\varphi_1-\beta_g\phi_\zeta)}\end{aligned} \tag{B5}$$

方程 φ_1 有两个解，但只有一个稳定（$0<\varphi_1<1$）。定义 $\phi_\pi^c=\varphi_1$，且 $\nu_\zeta^c=-\frac{\varphi_2}{\theta_g}$，且使用 φ_1 的稳定解。

因为有 $\Delta z_{t-1}=-\theta_g(\pi_t-\pi^*)$，即 $\Delta x_{t-1}+\frac{\Delta l_{t-1}}{\omega+\gamma}=-\theta_g(\pi_t-\pi^*)$，则根据产出缺口为 $x_t\equiv y_t-y_t^f-(\omega+\gamma)^{-1}\zeta_t$，习惯缺口：$l_t\equiv q_t-q_t^f$，潜在对数产出 $y_t^f=\frac{1}{\omega+\gamma}[-q_t^f+(1+\omega)a_t-\zeta_t]$，可推导出承诺规则制下的均衡产出和通胀为：

$$\Delta y_t^c=\frac{1}{\omega+\gamma}[-\Delta q_t^c+(1+\omega)\Delta a_t]-\theta_g(\pi_t^c-\pi^*) \tag{B6}$$

$$\pi_t^c=(1-\phi_\pi^c)\pi^*+\phi_\pi^c\pi_{t-1}^c+\nu_\zeta^c\Delta\zeta_t \tag{B7}$$

其中：$\phi_\pi^c=\frac{1}{2\beta_g}\left[1+\kappa\theta_g+\beta_g-\sqrt{(1+\kappa\theta_g+\beta_g)^2-4\beta_g}\right]$

$$\nu_\zeta^c=\frac{\kappa}{(\omega+\gamma)(1+\kappa\theta_g+\beta_g(1-\phi_\pi^c-\phi_\zeta)}$$

所以式（B6）、式（B7）即为正文式（4.14）、式（4.15）。

附录C：第4章最优货币政策下的债券风险溢价方程推导过程

推导最优货币政策下的债券风险溢价方程式（4.19）。

债券价格方程可写为迭代形式：

$$b_t^{(n)} = E_t \left[M_{t,t+1} b_{t+1}^{(n-1)} \right] \tag{C1}$$

要把最终解写为形式 $i_t^{(n)} = \frac{1}{n}(A_n + B_n{}^T s_t)$，这样在方程（C1）中用这种形式做替代，同时由状态变量服从正态分布，可以获得系数的迭代公式：

$$A_n = \Gamma_0 + A_{n-1} + B_{n-1}{}^T \psi - \frac{1}{2} \lambda^T n £ \ \Sigma \lambda_n$$

$$B_n{}^T = \Gamma_1^T + B_{n-1}{}^T \phi - \frac{1}{2} \lambda_n^T \mathrm{k} \Sigma diag\{\lambda_n\} \mathrm{A}$$

初始值 $A_0 = 0, B_0 = 0^T$，£ 和 k 满足 $\psi(s_t)^2 = £ + \mathrm{k} diag\{s_t A\}$ 和 $\lambda^T n \equiv \lambda^T + B_{n-1}^T \psi_c$。因债券收益为条件正态分布，方程（C1）可变为：

$$e^{-ni_t^{(n)}} = \exp\{E_t[\log M_{t,t+1} - (n-1) i_{t+1}{}^{(n-1)}] + \frac{1}{2} \mathrm{var}_t(\log M_{t,t+1} - (n-1) i_{t+1}{}^{(n-1)}\}$$

而后：

$$-ni_t^{(n)} = -i_t - (n-1) E_t[i_{t+1}{}^{(n-1)}] + \frac{1}{2}[\mathrm{var}_t(\log M_{t,t+1} - (n-1) i_{t+1}{}^{(n-1)}) - \mathrm{var}_t(\log M_{t,t+1})]$$

把此结果与债券风险溢价和方差的定义比较，可得：

$$\xi_t^{(n)} = \frac{1}{2n}[\lambda^T \psi(s_t) \sum \psi(s_t)^T \lambda - \lambda_n{}^T \psi(s_t) \sum \psi(s_t)^T \lambda_n] \tag{C2}$$

从而可获得仿射形式，其系数由以下方程决定：

$$\xi_{A,n} = -\frac{1}{2n}(\lambda + \lambda_n)^T £ \ \Sigma(\lambda_n - \lambda)$$

$$\xi_{B,n}^T = -\frac{1}{2n}(\lambda + \lambda_n)^T \mathrm{k} \Sigma diag\{\lambda_n - \lambda\} \mathrm{A}$$

附录 D：第 4 章相机抉择下状态因子系数和折现因子系数推导过程

已知状态方程为：$S_{t+1}=\varphi+\phi S_t+\varphi_c\varphi(S_t)\sum^{\frac{1}{2}}\varepsilon_{t+1}$，折现因子方程为：$-\log M_{t,t+1}=\tau_0+\tau_1{}^{T}S_t+\lambda^{T}\varphi(S_t)\sum^{\frac{1}{2}}\varepsilon_{t+1}$。

其中因子为：$S_t=\{\Delta a_t,\ \pi_t,\ \Delta y_t\}$，$\sum^{\frac{1}{2}}=diag\{\sigma_a,\sigma_\zeta,\sigma_q\}$，$\varepsilon_t=\{\varepsilon_{a,t},\varepsilon_{\zeta,t},\varepsilon_{q,t}\}^{T}$。

（1）首先推导相机抉择下（4.20）中 φ、ϕ、φ_c、$\varphi(S_t)$ 的表达式。

根据正文式（4.7），因子方程为：

$$\Delta a_{t+1}=(1-\phi_a)\cdot g_a+\phi_a\Delta a_t+(1+k_a\Delta a_t)^{\frac{1}{2}}\sigma_a\varepsilon_{a,t+1} \tag{D1}$$

$$\pi_{t+1}^{d}=\pi^{*}+\nu_\zeta^{d}\zeta_{t+1}$$

状态因子无 ζ_t 冲击，所以把 ζ_t 消掉，根据正文式（4.9）得：

$$\zeta_{t+1}=\phi_\zeta\zeta_t+(1+k_\zeta\zeta_t)^{\frac{1}{2}}\sigma_\zeta\varepsilon_{\zeta,t+1}$$

所以 $\pi_{t+1}^{d}=\pi^{*}+v_\zeta{}^{d}\phi_\zeta\zeta_t+v^{d}\zeta(1+k_\zeta\zeta_t)^{\frac{1}{2}}\sigma_\zeta\varepsilon_{\zeta,t+1}$，根据 $\zeta_t=\dfrac{\pi^{d}t-\pi^{*}}{v^{d}\zeta}$ 消掉 ζ_t 得：

$$\pi_{t+1}^{d}=\pi^{*}+\nu_\zeta{}^{d}\phi_\zeta\frac{\pi^{d}t-\pi^{*}}{v^{d}\zeta}+v^{d}\zeta(1+k_\zeta\zeta_t)^{\frac{1}{2}}\sigma_\zeta\varepsilon_{\zeta,t+1}$$

整理有：$\pi_{t+1}^{d}=(1-\phi_\zeta)\pi^{*}+\phi_\zeta\pi_t^{d}+v_\zeta^{d}(1+k_\zeta\zeta_t)^{\frac{1}{2}}\sigma_\zeta\varepsilon_{\zeta,t+1}$　　（D2）

根据正文式（4.12）：$\Delta y_t^{d}=\dfrac{1}{\omega+r}(-\Delta q_t^{d}+(\omega+1)\Delta a_t)-\theta_g\Delta\pi_t^{d}$，因子中无 q_t 所以消掉。由式(4.2)：$q_{t+1}=q_t+\eta\widehat{\Delta c}_t+(1+k_q\tilde{\Delta c}_t)^{\frac{1}{2}}\sigma_q\varepsilon_{q,t+1}$，$\tilde{\Delta c}_t$ 表示消费增长，均衡时有：$\widehat{\Delta c}_t=\Delta y_t$，所以 $\Delta q_{t+1}=\eta\Delta y_t^{d}+(1+k_q\Delta y_t^{d})^{\frac{1}{2}}\sigma_q\varepsilon_{q,t+1}$。

因此：$\Delta y_{t+1}^{d}=\dfrac{1}{\omega+r}[(-\eta\Delta y_t^{d}-(1+k_q\Delta y^{d}t)^{\frac{1}{2}}\sigma_q\varepsilon_{q,t+1})+(\omega+1)\Delta a_{t+1}]-\theta_g\Delta\pi_{t+1}^{d}$

根据推导出的式（D2）有：

$$\Delta\pi^d_{t+1}=\pi^d_{t+1}-\pi^d t=(1-\phi_\zeta)\pi^*+(\phi_\zeta-1)\pi^d t+v^d\zeta\ (1+k_\zeta\zeta_t)^{\frac{1}{2}}\sigma_\zeta\varepsilon_{t+1} \tag{D3}$$

把式（D3）、式（D1）代入 Δy_{t+1} 得：

$$\Delta y^d_{t+1}=\frac{1+\omega}{\omega+r}(1-\phi_a)\cdot g_a-\theta_g(1-\phi_\zeta)\pi^*+\frac{1+\omega}{\omega+r}\phi_a\Delta a_t-\theta_g(1-\phi_\zeta)\pi^d_t+\frac{\eta}{\omega+r}\Delta y^d_t+\frac{1+\omega}{\omega+r}(1+k_a\Delta a_t)^{\frac{1}{2}}\sigma_a\varepsilon_{a,t+1}-\theta_g v^d\zeta\ (1+k_\zeta\zeta_t)^{\frac{1}{2}}\sigma_\zeta\varepsilon_{t+1}-\frac{1}{\omega+r}(1+k_q\Delta y^d_t)^{\frac{1}{2}}\sigma_q\varepsilon_{q,t+1} \tag{D4}$$

因子中无 ζ_t，所以根据 $\zeta_t=\frac{\pi^d_t-\pi^*}{v^d_\zeta}$ 消掉 ζ_t，得到：

$$\Delta y^d_{t+1}=\frac{1+\omega}{\omega+r}\ (1-\phi_a)\ \cdot g_a-\theta_g\ (1-\phi_\zeta)\ \pi^*+\frac{1+\omega}{\omega+r}\phi_a\Delta a_t-\theta_g\ (1-\phi_\zeta)\ \pi^d_t+\frac{\eta}{\omega+r}\Delta y^d_t+\frac{1+\omega}{\omega+r}(1+k_a\Delta a_t)^{\frac{1}{2}}\sigma_a\varepsilon_{a,t+1}-\theta_g v^d_\zeta\ (1-k_\zeta\frac{\pi^*}{v^d_\zeta}+k_\zeta\frac{\pi^d t}{v^d_\zeta})^{\frac{1}{2}}\sigma_\zeta\varepsilon_{t+1}-\frac{1}{\omega+r}(1+k_q\Delta y^d t)^{\frac{1}{2}}\sigma_q\varepsilon_{q,t+1} \tag{D5}$$

把式（D1）、式（D3）、式（D5）代入状态方程（4.16）$S_{t+1}=\varphi+\phi S_t+\varphi_c\varphi\ (S_t)\sum^{\frac{1}{2}}\varepsilon_{t+1}$ 就得到相机抉择下均衡时的状态因子系数 φ，ϕ，φ_c，$\varphi\ (S_t)$。

（2）推导相机抉择下式（4.20）中 τ_0、τ_1、λ 的表达式。

根据 $M_{t,t+1}=\beta\ (\frac{c_{t+1}}{c_t})^{-\gamma}\ (\frac{Q_{t+1}}{Q_t})^{-1}\ (\frac{P_{t+1}}{P_t})^{-1}$，$\tilde{\Delta c}_{t+1}=\ln c_{t+1}-\ln c_t$，$\pi_{t+1}=\ln P_{t+1}-\ln P_t$，$\Delta q_{t+1}=\ln Q_{t+1}-\ln Q_t$

所以：$-\ln M_{t,t+1}=\ln\beta+\gamma\Delta c_{t+1}+\Delta q_{t+1}+\pi_{t+1}$，因此均衡时：

$$\Delta\tilde{c}_{t+1}=\Delta y_{t+1} \tag{D6}$$

$$\Delta q_{t+1}=\eta\Delta y^d t+(1+k_q\Delta y^d t)^{\frac{1}{2}}\sigma_q\varepsilon_{q,t+1} \tag{D7}$$

$$\pi^d_{t+1}=\ (1-\phi_\zeta)\ \pi^*+\phi_\zeta\pi^d_t+v^d_\zeta\ (1+k_\zeta\zeta_t)^{\frac{1}{2}}\sigma_\zeta\varepsilon_{\zeta,t+1} \tag{D8}$$

则 $-\ln M_{t,t+1}=\ln\beta+\gamma\Delta^{d}c_{t+1}+\Delta q_{t+1}+\pi_{t+1}^{d}$

$=\ln\beta+\gamma[\frac{1+\omega}{\omega+r}(1-\phi_a)\cdot g_a-\theta_g(1-\phi_\zeta)\pi^*+\frac{1+\omega}{\omega+r}\phi_a\Delta a_t-\theta_g(1-\phi_\zeta)\pi_t^d-\frac{\eta}{\omega+r}\Delta y_t^d]+\gamma[\frac{1+\omega}{\omega+r}(1+k_a\Delta a_t)^{\frac{1}{2}}\sigma_a\varepsilon_{a,t+1}-\theta_g v_\zeta^d(1-k_\zeta\frac{\pi^*}{v_\zeta^d}+k_\zeta\frac{\pi_t^d}{v_\zeta^d})^{\frac{1}{2}}\sigma_\zeta\varepsilon_{t+1}-\frac{1}{\omega+r}(1+k_q\Delta y_t^d)^{\frac{1}{2}}\sigma_q\varepsilon_{q,t+1}]+\eta\Delta y_t^d+(1+k_q\Delta y_t^d)^{\frac{1}{2}}\sigma_q\varepsilon_{q,t+1}+(1-\phi_\zeta)\pi^*+\phi_\zeta\pi_t^d+v_\zeta^d(1-k_\zeta\frac{\pi^*}{v_\zeta^d}+k_\zeta\frac{\pi^d t}{v_\zeta^d})^{\frac{1}{2}}\sigma_\zeta\varepsilon_{\zeta,t+1}$

整理得：

$$-\ln M_{t,t+1}=\ln\beta+\frac{1+\omega}{\omega+r}(1-\phi_a)\gamma g_a+(1-\gamma\theta_g)(1-\phi_\zeta)\pi^*+\frac{1+\omega}{\omega+r}\gamma\phi_a\Delta a_t+(\phi_\zeta+\gamma\theta_g(\phi_\zeta-1))\pi_t^d+\frac{\eta\omega}{\omega+r}\Delta y_t^d+\gamma\frac{1+\omega}{\omega+r}(1+k_a\Delta a_t)^{\frac{1}{2}}\sigma_a\varepsilon_{a,t+1}+v_\zeta^d(1-\gamma\theta_g)(1-k_\zeta\frac{\pi^*}{v_\zeta^d}+k_\zeta\frac{\pi_t^d}{v_\zeta^d})^{\frac{1}{2}}\sigma_\zeta\varepsilon_{\zeta,t+1}+\frac{\omega}{\omega+r}(1+k_q\Delta y_t^d)\frac{1}{2}\sigma_q\varepsilon_{q,t+1} \quad \text{(D9)}$$

则对照式（D9）与正文式（4.17）就可得到 τ_0、τ_1、λ 的表达式。

附录 E：第 4 章承诺规则制下状态因子和折现因子系数推导过程

（1）首先推导承诺规则制下（4.21）中 φ、ϕ、φ_c、φ（S_t）的表达式。

根据正文式（4.7）

$$\Delta a_{t+1}=(1-\phi_a)\cdot g_a+\phi_a\Delta a_t+(1+k_a\Delta a_t)^{\frac{1}{2}}\sigma_a\varepsilon_{a,t+1} \quad \text{(E1)}$$

根据正文式（4.15）

$$\pi_t^c=(1-\phi^c\pi)\pi^*+\phi_\pi^c\pi_{t+1}^c+\nu_\zeta{}^c\Delta\zeta_t$$

根据正文式（4.9）

$$\zeta_{t+1}=\phi_{\zeta}\zeta_{t}+(1+k_{\zeta}\zeta_{t})^{\frac{1}{2}}\sigma_{\zeta}\varepsilon_{\zeta,t+1} \tag{E2}$$

把式（E2）代入得：

$$\pi_{t+1}^{c}=(1-\phi_{\pi}^{c})\pi^{*}+\phi_{\pi}^{c}\pi_{t+1}^{c}+\mathrm{v}_{\zeta}^{c}(\phi_{\zeta}-1)\zeta_{t}+\nu_{\zeta}^{c}(1+k_{\zeta}\zeta_{t})^{\frac{1}{2}}\sigma_{\zeta}\varepsilon_{\zeta,t+1}) \tag{E3}$$

根据正文式（4.4）得：

$$\Delta y_{t}^{c}=\frac{1}{\omega+r}\left[-\Delta q_{t}+(1+\omega)\Delta a_{t}\right]-\theta_{g}(\pi_{t}^{c}-\pi^{*})$$

此时状态因子为：$S_t\equiv(\Delta a_t,\zeta_t,\pi_t^c,\Delta y_t^c)$，没有 q_t 所以消掉 q_t，根据正文式（4.2）$q_{t+1}=q_t+\eta\Delta\widehat{c}_t+(1+k_q\Delta\tilde{c}_t)^{\frac{1}{2}}\sigma_q\varepsilon_{q,t+1}$，均衡时有：$\Delta\tilde{c}_{t+1}=\Delta y_{t+1}$

所以有：$\Delta q_{t+1}=\eta\Delta y_t^c+(1+k_q\Delta y_t^c)^{\frac{1}{2}}\sigma_q\varepsilon_{q,t+1}$，

$$\Delta y_{t+1}^{c}=\frac{1}{\omega+r}\left[-\eta\Delta y_{t}^{c}-(1+k_{q}\Delta y_{t}^{c})^{\frac{1}{2}}\sigma_{q}\varepsilon_{q,t+1}+(1+\omega)\Delta a_{t+1}\right]-\theta_{g}(\pi_{t+1}^{c}-\pi^{*})$$

把式（E1）、式（E3）代入得：

$$\Delta y_{t+1}^{c}=\frac{1+\omega}{\omega+r}(1-\phi_{a})\cdot g_{a}+\theta_{g}\phi_{\pi}^{c}\pi^{*}+\frac{1+\omega}{\omega+r}\phi_{a}\Delta a_{t}-\theta_{g}v_{\zeta}^{c}(\phi_{\zeta}-1)\varepsilon_{t}$$
$$-\theta_{g}\phi_{\pi}^{c}\pi_{t}^{c}-\frac{\eta}{\omega+r}\Delta y_{t}^{c}+\frac{1+\omega}{\omega+r}(1+k_{a}\Delta a_{t})^{\frac{1}{2}}\sigma_{a}\varepsilon_{a,t+1}-\theta_{g}v^{c}\zeta^{c}(1+k_{\zeta}\zeta_{t})^{\frac{1}{2}}$$
$$\sigma_{\zeta}\varepsilon_{\zeta,t+1}-\frac{1}{\omega+r}(1+k_{q}\Delta y^{c}t)^{\frac{1}{2}}\sigma_{q}\varepsilon_{q,t+1} \tag{E4}$$

则对照式（E1—E4）与正文式（4.16）的定义形式，就可得到 φ、ϕ、φ_c、$\varphi(S_t)$ 的表达式。

（2）推导承诺规则制下式（4.21）中 τ_0、τ_1、λ 的表达式。

均衡时有：$\Delta\tilde{c}_{t+1}=\Delta y_{t+1}^c$，$\Delta q_{t+1}$，$\pi_{t+1}^c$，$\Delta y_{t+1}^c$

代入：$-\ln M_{t,t+1}=\ln\beta+\gamma\Delta y_{t+1}^c+\Delta q_{t+1}+\pi_{t+1}^c$，得到：

$$\ln M_{t,t+1}=-\ln\beta+(\eta\Delta y_{t}^{c}+(1+k_{q})\Delta y_{t}^{c})^{\frac{1}{2}}\sigma_{q}\varepsilon_{q,t+1}$$
$$+(1-\phi_{\pi}^{c})\pi^{*}+\phi_{\pi}^{c}\pi_{t}^{c}+\nu_{\zeta}{}^{c}(\phi_{\zeta}-1)\zeta_{t}+\nu_{\zeta}{}^{c}(1+k_{\zeta}\zeta_{t})^{\frac{1}{2}}\sigma_{\zeta}\varepsilon_{\zeta,t+1})$$
$$+\gamma\Delta y_{t+1}^{c}$$
$$=-\ln\beta+(1-\phi_{\pi}^{c}(1-\gamma\theta_{g}))\pi^{*}+\frac{1+\omega}{\omega+r}(1-\phi_{a})\gamma g_{a}$$

$$+\frac{\gamma\ (1+\omega)}{\omega+r}\phi_a\Delta a_t+\ (\phi_\zeta-1)\ (1-\gamma\theta_g)\ v_\zeta^c\zeta_t+\phi_t^c\ (1-\gamma\theta_g)\ -\pi_\pi^c+\frac{\omega\eta}{\omega+r}\Delta y_t^c+\frac{\gamma\ (1+\omega)}{\omega+r}(1+k_a\Delta a_t)^{\frac{1}{2}}\sigma_a\varepsilon_{a,t+1}+v_\zeta{}^c\ (1-\gamma\theta_g)\ (1+k_\zeta\zeta_t)^{\frac{1}{2}}\sigma_\zeta\varepsilon_{\zeta,t+1}+\frac{\omega}{\omega+r}(1+k_q\Delta y_t^c)^{\frac{1}{2}}\sigma_q\varepsilon_{q,t+1} \tag{E5}$$

则对照式（E5）与正文式（4.17）就可得到 τ_0、τ_1、λ 的表达式。

附录 F：推导第 6 章状态因子的向量自回归方程

推导状态因子的向量自回归方程（6.6）。

把方程（6.1）—(6.5）写成向量 $P_0X_t=\mu_0+P_1X_{t-1}+\sum_0\varepsilon_t$ 形式。其中 X_t 为状态向量，ε_t 为扰动项，

$$P_1=\begin{bmatrix}0 & 0 & 0 & \rho_\tau & 0\\ \rho_r & 0 & 0 & 0 & 0\\ \rho_{\pi r} & \rho_{\pi\pi} & \rho_{\pi y} & 0 & \rho_{\pi\nu}\\ \rho_{yr} & \rho_{y\pi} & \rho_{yy} & 0 & \rho_{y\nu}\\ 0 & 0 & 0 & 0 & \rho_{\nu\nu}\end{bmatrix}$$

$$P_0=\begin{bmatrix}0 & 0 & 0 & 0 & 0\\ 1 & -\ (1-\rho_r)\ \rho_\pi & -\ (1-\rho_r)\ \rho_y & 0 & -\ (1-\rho_r)\ \rho_\nu\\ 0 & 1 & 0 & 0 & 0\\ 0 & 0 & 1 & 0 & 0\\ 0 & 0 & 0 & 0 & 1\end{bmatrix}$$

$$\sum{}_0=\begin{bmatrix}0 & 0 & 0 & \sigma_\tau & 0\\ \sigma_r & 0 & 0 & 0 & 0\\ 0 & \sigma_\pi & 0 & \sigma_{\pi\tau}\sigma_\tau & 0\\ 0 & \sigma_{y\pi}\sigma_\pi & \sigma_y & \sigma_{y\tau}\sigma_\tau & 0\\ \sigma_{\nu r}\sigma_r & \sigma_{\nu\pi}\sigma_\pi & \sigma_{\nu y}\sigma_y & \sigma_{\nu\tau}\sigma_\tau & \sigma_\nu\end{bmatrix}$$

$$\mu_0 = \begin{bmatrix} (1-\rho_\tau)\ \tau \\ (1-\rho_r)\ (g^r - \rho_y g^y) \\ -\rho_{\pi r} g^r - \rho_{\pi y} g^y \\ (1-\rho_{yy})\ g^y - \rho_{yr} g^r \\ 0 \end{bmatrix}$$

方程 $P_0X_t = \mu_0 + P_1X_{t-1} + \sum{}_0\varepsilon_t$ 两边乘以 P_0^{-1}，同时定义 $\mu = P_0^{-1}\mu_0$，$P = P_0^{-1}P_1$，$\sum = P_0^{-1}\sum{}_0$，就得到式（6.6）。

附录 G：推导第 6 章债券定价方程

推导债券定价方程（6.14）和方程（6.15）。

首先令 $n=0$，把式（6.8）和 $p_{t+1}^0=0$ 代入式（6.13）右边，得：

$\exp(p_t^1) = E_t[\exp(m_{t+1})] = \exp(-r_t)$

为使式（6.7）和式（6.12）一致要求 $\bar{A}_1 + \bar{B}_1X_t = -\delta'X_t$，同时对于 $n=1, 2, 3, \cdots\cdots$，把式（6.7）、式（6.8）和式（6.12）代入（6.13）得：

$$\exp(\mathrm{P}_t^{n+1}) = E_t\left[\exp\left(-\frac{1}{2}\lambda'_t\lambda_t - \delta'X_t - \lambda'\varepsilon_{t+1} + \bar{A}_n + \bar{B}'_nX_{t+1}\right)\right]$$

$$= E_t\left[\exp\left(-\frac{1}{2}\lambda'_t\lambda_t - \delta'X_t - \lambda'\varepsilon_{t+1} + \bar{A}_n + \bar{B}'_n(\mu + PX_t + \Sigma\varepsilon_{t+1})\right)\right]$$

$$= \exp\left(-\frac{1}{2}\lambda'_t\lambda_t - \delta'X_t + \bar{A}_n + \bar{B}'_n(\mu + PX_t)\right) \times E_t[\exp(-\lambda'_t\varepsilon_{t+1} + \bar{B}'_n\Sigma\varepsilon_{t+1}]$$

$$= \exp(-0.5\lambda'_t\lambda_t - \delta'X_t + \bar{A}_n + \bar{B}'_n(\mu + PX_t)) \times \exp(0.5\lambda'_t\lambda_t + 0.5\bar{B}'_n\Sigma\Sigma'\bar{B}_n - \bar{B}'_n\Sigma(\lambda + \Lambda X_t))$$

$$= \exp(\bar{A}_n + \bar{B}'_n(\mu - \Sigma\lambda) + 0.5\bar{B}'_n\Sigma\Sigma'\bar{B}_n) \times \exp(\bar{B}'_n(P - \Sigma\Lambda)X_t - \delta'X_t))$$

所以债券定价方程（6.14）和方程（6.15）为：

$$\bar{A}_{n+1} = \bar{A}_n + \bar{B}'_n(\mu - \Sigma\lambda) + 0.5\bar{B}'_n\Sigma\Sigma'\bar{B}_n$$

$$\bar{B}'_{n+1} = \bar{B}'_n(P - \Sigma\Lambda) - \delta'$$

附录 H：构建第 6 章状态空间方程

构建方程（6.20）中 U 和 V。

令 $U_r = [1\ 0\ 0\ 1\ 0]$，$U_\pi = [0\ 1\ 0\ 1]$，$U_y = [0\ 0\ 1\ 0\ 0]$，则状态空间矩阵方程（6.20）中 U 和 V 为：

$$U = [U_r \quad U_\pi \quad U_y \quad B'_4 \quad B' \quad B'_{12} \quad B'_{16} \quad B'_{20}]'$$

$$V = \begin{bmatrix} 0 & 0 & 0 \\ 0 & 0 & 0 \\ 0 & 0 & 0 \\ \sigma_4 & 0 & 0 \\ 0 & \sigma_8 & 0 \\ 0 & 0 & 0 \\ 0 & 0 & \sigma_{16} \\ 0 & 0 & 0 \end{bmatrix}$$

其中 $\sigma_4 > 0$，$\sigma_8 > 0$，$\sigma_{16} > 0$。

参考文献

[1] 卞志村．泰勒规则的实证问题及在中国的检验［J］．金融研究，2006，(8)：56－70.

[2] 卞志村，孙慧智，曹媛媛．金融形势指数与货币政策反应函数在中国的实证检验［J］．金融研究，2012，(8)：44－55.

[3] 崔永涛．货币政策对利率期限结构的影响研究［J］．浙江金融，2016 (4)：27－31.

[4] 陈创练，郑挺国，姚树洁．时变参数泰勒规则及央行货币政策取向研究［J］．经济研究，2016，(8)：43－56.

[5] 陈蓉，廖木英．期限溢酬的信息含量——来自中国国债市场的证据［J］．金融论坛，2015，(6)：51－61.

[6] 陈晓莉．汇率变动对货币政策操作变量的影响——理论分析及对中国的检验［J］．经济科学，2008，(5)：40－47.

[7] 丁志国，徐德财，李雯宁．宏观经济因素影响利率期限结构的稳定性判别［J］．数量经济技术经济研究，2015，(9)：55－75.

[8] 方先明，熊鹏．我国利率政策调控的时滞效应研究——基于交叉数据的实证检验［J］．财经研究，2005，31 (8)：5－17.

[9] 范龙振，张处．中国债券市场债券风险溢酬的宏观因素影响分析［J］．管理科学学报，2009，12 (6)：117－126.

[10] 郭涛，宋德勇．中国利率期限结构的货币政策含义 [J]. 经济研究，2008，(3)：39 –47.

[11] 侯成琪，龚六堂．货币政策应该对住房价格波动作出反应吗——基于两部门动态随机一般均衡模型的分析 [J]. 金融研究，2014，(10)：15 –33.

[12] 胡永宏，李丽，常红旭．利率期限结构与宏观经济变量的相互关系研究 [J] ．数理统计与管理，2012，31 (5)：871 –879.

[13] 金雯雯，陈亮，毛德勇等．利率期限结构内含的宏观经济信息——基于 TVP – VAR 模型的时变参数研究 [J]. 经济评论，2014，(5)：123 –137.

[14] 康立，龚六堂．金融摩擦、银行净资产与国际经济危机传导——基于多部门 DSGE 模型分析 [J]. 经济研究，2014，(5)：147 –159.

[15] 刘斌．我国 DSGE 模型的开发及在货币政策分析中的应用 [J]. 金融研究，2008，(10)：1 –21.

[16] 李宏瑾，钟正生，李晓嘉．利率期限结构、通货膨胀预测与实际利率 [J]. 世界经济，2010，(10)：120 –139.

[17] 梁琪，滕建州．中国宏观经济和金融总量结构变化及因果关系研究 [J]. 经济研究，2006，(1)：11 –22.

[18] 刘海东．货币政策对国债利率期限结构的影响分析 [J]. 山西财经大学学报，2006，(3)：116 –119.

[19] 刘金全，金春雨和郑挺国．我国通货膨胀率动态波动路径的结构性转变特征与统计检验 [J]. 中国管理科学，2006，14 (1)：1 –6.

[20] 刘金全，石睿柯．利率双轨制与货币政策传导效率：理论阐释和实证检验 [J] ．经济学家，2017，(12)：66 –75.

[21] 刘金全，郑挺国．利率期限结构的马尔科夫区制转移模型与实证分析 [J]. 经济研究，2006，(11)：81 –89.

[22] 刘澜飚，沈鑫，王博．中国宏观经济对国债利率期限结构的影响研究——基于动态随机一般均衡模型的分析 [J]. 金融研究，2014，(11)：49 –64.

[23] 刘莉亚，余晶晶，杨金等．竞争之于银行信贷结构调整是双刃

剑吗？——中国利率市场化进程的微观证据［J］. 经济研究，2017，(5)：131 – 145.

［24］刘喜和，冯士龙，郝毅. 利率期限结构、商业银行投资组合与宏观经济波动——基于 DSGE 的分析框架［J］. 审计与经济研究，2015，30（3）：98 – 106.

［25］刘英，赵震宇. 不同货币政策工具作用下国债收益率曲线对通货膨胀预测力分析［J］. 上海经济研究，2011，(10)：40 – 46.

［26］吕朝凤，黄梅波. 习惯形成、借贷约束与中国经济周期特征——基于 RBC 模型的实证分析［J］. 金融研究，2011，(9)：1 – 13.

［27］陆军，钟丹. 泰勒规则在中国的协整检验［J］. 经济研究，2003，(8)：76 – 87.

［28］马理，黄宪，代军勋. 银行资本约束下的货币政策传导机制研究［J］. 金融研究，2013，(5)：47 – 59.

［29］马骏，施康，王红林等. 利率传导机制的动态研究. 金融研究. 2016，(12)：31 – 49.

［30］马庆魁. 利率期限结构的形成机制与影响因素分析［J］. 学习与探索，2009，(3)：149 – 150.

［31］马文鹏. 经济新常态下数量型货币政策工具运用分析——结构性货币政策的视角［J］. 金融经济，2016，(10)：24 – 25.

［32］马勇. 植入金融因素的 DSGE 模型与宏观审慎货币政策规则［J］. 世界经济，2013，(7)：68 – 92.

［33］彭方平，王少平. 我国货币政策的微观效应——基于非线性光滑转换面板模型的实证研究［J］. 金融研究，2007，(9)：31 – 41.

［34］潘敏，夏庆，张华华. 货币政策周期与国债利率期限结构［J］. 财贸研究，2012，23（1）：1 – 10.

［35］潘敏. 经济发展新常态下完善我国货币政策体系面临的挑战［J］. 金融研究，2016，(2)：106 – 112.

［36］尚玉皇，郑挺国，夏凯. 宏观因子与利率期限结构：基于混频 Nelson – Siegel 模型［J］. 金融研究，2015，(6)：14 – 30.

［37］宋平平，孙皓，张琳琳. 我国货币政策对利率期限结构影响的

实证研究 [J] . 江苏商论, 2017, (28): 99 - 103.

[38] 孙皓, 石柱鲜 . 中国利率期限结构中的宏观经济风险因素分析——基于宏观金融模型的研究途径 [J]. 经济评论, 2011, (3): 36 - 42.

[39] 孙皓, 石柱鲜 . 中国的货币政策与利率期限结构: 基于宏观——金融模型的研究途径 [J]. 经济科学, 2011, 33 (1): 49 - 60.

[40] 孙皓, 石柱鲜, 俞来雷 . 中国利率期限结构的非线性动态研究 [J]. 管理科学, 2012, 25 (1): 85 - 91.

[41] 汤晓 . 我国货币政策对利率期限结构影响实证研究 [J]. 金融与经济, 2010, (11): 41 - 44.

[42] 王琨, 滕建州, 石凯 . 中国宏观经济和金融总量的非线性研究 [J]. 财经科学, 2012, (6): 34 - 45.

[43] 王胜, 邹恒普 . 开放经济中的泰勒规则——对中国货币政策的检验 [J]. 统计研究, 2006, (3): 42 - 47.

[44] 王曦, 汪玲, 彭玉磊等 . 中国货币政策规则的比较分析——基于 DSGE 模型的三规则视角 [J]. 经济研究, 2017, (9): 24 - 38.

[45] 王晓芳, 郑斌 . 超额准备金、货币政策传导机制与调控方式转型——基于银行信贷市场的分析 [J]. 世界经济研究, 2017, (6): 61 - 77.

[46] 王晓芳, 郑斌 . 期限溢价、超额收益与宏观风险不确定性——基于银行间国债市场的分析 [J]. 南开经济研究, 2015, (3): 114 - 130.

[47] 王雪标, 高海燕, 王新翠等 . 随机增长模型中的资本流动性与政策风险 [J] . 系统工程理论与实践, 2013, 33 (1): 61 - 71.

[48] 王雪标, 王新翠, 周生宝等 . 货币财政政策风险组合与影响效果 [J]. 系统工程理论与实践, 2014, 34 (1): 45 - 53.

[49] 王志强, 熊海芳 . 结构变点、时变期限溢价与预期假说——来自国内银行同业拆借利率的证据 [J]. 数量经济技术经济研究, 2012, (5): 104 - 120.

[50] 吴吉林, 金一清, 张二华 . 潜在变量、宏观变量与动态利率期限结构——基于 DRA 模型的实证分析 [J]. 经济评论, 2010, (1): 80 - 88.

[51] 项后军, 孟祥飞, 潘锡泉 . 开放框架下的中国货币需求函数稳

定性问题研究——基于结构突变的视角 [J]. 经济评论, 2011, (5): 47 - 56.

[52] 谢赤, 陈晖, 何源. 基于理性期望的利率期限结构预期理论与期限溢酬 [J]. 系统管理学报, 2008, 17 (3): 283 - 289.

[53] 谢平, 罗雄. 泰勒规则及其在中国货币政策中的检验 [J]. 经济研究, 2002, (3): 3 - 14.

[54] 谢赤, 董华香. 论货币政策对利率期限结构的影响. 湖南社会科学, 2005, (3): 80 - 83.

[55] 姚余栋, 谭海鸣. 央票利率可以作为货币政策的综合性指标 [J]. 经济研究, 2011, (s2): 63 - 74.

[56] 姚余栋, 谭海鸣. 中国金融市场通胀预期——基于利率期限结构的度量 [J]. 金融研究, 2011, (6): 61 - 71

[57] 杨宝臣, 张涵. 中国债券市场时变期限溢价——远期利率潜在信息 [J]. 管理科学, 2016, (06): 2 - 16.

[58] 袁靖, 陈国进. 罕见灾难、不确定性冲击和国债期限溢价——基于非线性 DSGE 模型 [J]. 统计与信息论坛, 2015, 30 (5): 50 - 56.

[59] 袁靖, 薛伟. 中国利率期限结构与货币政策联合建模的实证研究 [J]. 统计研究, 2012, 29 (2): 42 - 47.

[60] 曾耿明, 牛霖琳. 中国实际利率与通胀预期的期限结构——基于无套利宏观金融模型的研究 [J]. 金融研究, 2013, (1): 24 - 40.

[61] 张屹山, 张代强. 前瞻性货币政策反应函数在我国货币政策中的检验 [J]. 经济研究, 2007, (3): 20 - 32.

[62] 郑振龙, 吴颖玲. 中国利率期限溢酬——先验信息法与先验信息法 [J]. 金融研究, 2009, (10): 68 - 83.

[64] 庄子罐, 崔小勇, 赵晓军. 不确定性、宏观经济波动与中国货币政策规则选择——基于贝叶斯 DSGE 模型的数量分析 [J]. 管理世界, 2016, (11): 20 - 31.

[65] 朱世武, 陈健恒. 利率期限结构理论实证检验与期限溢价研究 [J]. 金融研究, 2004, (5): 78 - 89.

[66] 周生宝, 王雪标, 郭俊芳. 我国国债市场的通胀预期研究——

基于宏观金融仿射无套利期限结构模型 [J]. 数理统计与管理, 2015, 34 (4): 719 –729.

[67] Abdymomunov, Azamat, Kang, Kyu Ho, 2015, "The Effects of Monetary Policy Regime Shifts on the Term Structure of Interest Rates", *Studies in Nonlinear Dynamics & Econometrics*, Vol. 19, No. 2, PP183 –207.

[68] Akram, E., Christian, M., Lucio, V. S., 2005, "Monetary Policy Rules for Russia", *Journal of Comparative Economics*, Vol. 33, No. 3, PP484 –499.

[69] Alber, J., Kohler, U., 2010, "The Inequality of Electoral Participation in Europe and America and the Politically Integrative Functions of the Welfare State", Working Paper.

[70] Ales, M., lorant, K., Roman, H., 2017, "Government Spending and the Term Structure of Interest Rate in DSGE model," *Working Paper.*

[71] Andrea, A., Hiroatsu, T., 2016, "Term Premium, Credit Risk Premium, and Monetary Policy", *Working Paper.*

[72] Andrea, B., Alexei, J., 2005, "Inflation Risk Premia and the Expectation Hypothesis", *Journal of Financial Economics*, Vol. 75, No. 2, PP429 – 490.

[73] Andres, J., Lopez – Salido, J. D., Edward, N., 2004, "Tobin's Imperfect Asset Substitution in Optimizing General Equilibrium", *Journal of Money, Credit, and Banking*, Vol. 36, Aug., PP 665 –690.

[74] Andrew, Ang, Monika, Piazzesi, Min, Wei, 2006, "What does the Yield Curve Tell Us about GDP Growth?", *Journal of Econometrics*, Vol. 131, PP359 –403.

[75] Andrew, Ang, Sen, Dong, Monika, Piazzesi, 2005, "No – arbitrage Taylor rules", *Working Paper.*

[76] Andrew, Ang, Monika, Piazzesi, 2003, "A No – arbitrage Vector Autoregression of Term Structure Dynamics with Macroeconomic and Latent Variables", *Journal of Monetary Economics*, Vol. 50, No. 4, PP745 –787.

[77] Andrew B. A., 1990, "Asset Prices under Habit Formation and

Catching up with the Joneses", *The American Economic Review*, Vol. 80, No. 2, PP38 -42.

[78] Avraham, kamara, 1997, "The Relation Between Default - Free Interest Rates and Expected Economic Growth Is Stronger Than You Think", The Journal of Finance, Vol. 52, No. 4, PP1681 - 1694.

[79] Bansal, R., Tauchen, G., Zhou, H., 2004, "Regime Shifts, Risk Premiums in the Term Structure and the Business Cycle", *Journal of Business & Economic Statistics*, Vol. 22, No. 4, PP396 -409.

[80] Bauer, Michael, D., "Restrictions on Risk Prices in Dynamic Term Structure Models", *Working Paper.*

[81] Bekaert, G., Cho, S., Moreno, A., 2010, "New Keynesian Macroeconomics and the Term Structure", *Journal of Money, Credit and Banking*, Vol. 42, No. 1, PP33 -62.

[82] Bernanke, Ben, S., 2013, "Long - Term Interest Rates", *Working Paper.*

[83] Ben, S. Bernanke, Vincen, t Reinhart, Rian, P. S., 2004, "Monetary Policy Alternatives at the Zero Bound: an Empirical Assessment", *Finance and Economics Discussion Series.*

[84] Bikbov, R., Chernov M., 2006, "No - Arbitrage Macroeconomic Determinants of the Yield Curve", *Working Paper.*

[85] Brent, B., Trenton, H., Lee, Smith, A., 2017, "Forward Guidance, Monetary Policy Uncertainty and the Term Premium", *Working Paper.*

[86] Eugene, F. Fama, Kenneth, French, 1989, "Business Conditions and Expected Returns on Stocks and Bonds", *Journal of Financial Economics*, Vol. 25, No. 1, PP23 -49.

[87] Callum, Jones, Mariano, Kulish, 2011, "Long - term Interest Rates, Risk Premia and Unconventional Monetary Policy", *Working Pape.*

[88] Campbell, John, Y., Cochrane, John, H., 1999, "By Force of Habit: a Consumption Based Explanation of Aggregate Stock Market Behavior", *Journal of Political Economy*, Vol. 107, No. 2, PP205 -251.

[89] Campbell, John, Y., Robert, J. S., 1991, "Yield Spreads and Interest Rate Movements: A Bird's Eye View", *Review of Economic Studies*, Vol. 58, No. 3, PP 495 - 514.

[90] Campbell, John Y., Adi, S., Luis, M. V., 2013, "Inflation Bets or Deflation Hedges? The Changing Risks of Nominal Bonds", *Working Paper.*

[91] Carter, C. K, Kohn, R., 1994, "On Gibbs Sampling for State Space Models", Biometrika, Vol. 81, No. 2, PP541 - 553.

[92] Chen, Han, Vasco, Curdia, Andrea, Ferrero, 2012, "The Macroeconomic Effects of Large - Scale Asset Purchase Programmes", *Economic Journal*, Vol. 122, No. 11, PP289 - 315.

[93] Chen, R. R., Louis, S., 1993, "Maximum Likelihood Estimation for a Multifactor Equilibrium Model of the Term Structure of Interest Rates", *Journal of Fixed Income*, Vol. 3, No. 11, PP14 - 31.

[94] Christina, G., Franz, S., Andreas W., 2007, "Money - based Interest Rate Rules: Lessons from German Data", *Working Paper.*

[95] Cieslak, A., Pavol, P., 2015, "Expected Returns in Treasury Bonds", *Working Paper.*

[96] Clarida, R., Gali, J., Gertler, M., 2000, "Monetary Policy Rules and Macroeconomic Stability: Evidence and some Theory", *Quarterly Journal of Economics*, Vol. 115, No. 1, PP147 - 180.

[97] Clarida, R., Gali, J., Gertler, M., 1999, "The Science of Monetary Policy: a New Keynesian Perspective", *Journal of Economic Literature*, Vol. 37, PP1661 - 1707.

[98] Cochrane, J. H., Piazzesi, M., 2005, "Bond Risk Premia", *American Economic Review*, Vol. 95, No. 1, PP138 - 160.

[99] Cochrane, John H., Piazzesi, M., 2008, "Decomposing the Yield Curve", *Working Paper.*

[100] Cochrane, John H., 2011, "Determinacy and Identification with Taylor Rules", *Journal of Political Economy*, Vol. 119, No. 7, PP565 - 615.

[101] Dai, Q., Singleton, K., Yang, W., 2007, "Regime shifts in a

Dynamic Term Structure Model of US Treasury Bond Yields", *Review of Financial Studies*, Vol. 20, No. 5, PP1669 – 1706.

[102] Dai, Q. , Singleton, K. , 2000, "Specification Analysis of Affine Term Structure Models", *Journal of finance*, Vol. 55, No. 5, PP1943 – 1978.

[103] Dai, Q. , Singleton, J. , 2003, "Term Structure Dynamics in Theory and Reality", *The Review of Financial Studies*, Vol. 16, No. 3, PP631 – 678.

[104] David, Heath, Robert, Jarrow, Andrew, Morton, 1992, "Bond Pricing and the Term Structure of Interest Rates: A New Methodology for Contingent Claims Valuation", *Econometrica*, Vol. 60, No. 1, PP77 – 105.

[105] David, Backus, Allan, Gregory, Stanley, Zin, 1989, "Risk Premiums in the Term Structure: Evidence from Artificial Economies ", *Journal of Monetary Economics*, Vol. 24, No. 3, PP 371 – 399.

[106] Dewachter, Hans, Leonardo, Iania, 2011, "An Extended Macro – Finance Model with Financial Factors", *Journal of Financial and Quantitative Analysis*, Vol. 46, No. 11, PP 1893 – 1916.

[107] Dewachter, Hans, Leonardo, Iania, Marco, Lyrio, 2014, "Information in the Yield Curve: A Macro – Finance Approach", *Journal of Applied Econometrics*, Vol. 29, No. 1, PP 42 – 64.

[108] Dewachter, H. , Lyrio, M. , 2006, "Macro Factors and the Term Structure of Interest Rates", *Journal of Money, Credit, and Banking*, Vol. 38, No. 1, PP119 – 140.

[109] Diebold, F. X. , Li, c. , 2006, "Forecasting the Term Structure of Government Bond yield", *Journal of Econometrics*, Vol. 130, PP337 – 364.

[110] Diebold, F. X. , Glenn, D. , Rudebusch, S. , Boragan, Aruoba, 2006, "The Macroeconomy and the Yield Curve: A Dynamic Latent Factor Approach", *Journal of Econometrics*, Vol. 131, PP309 – 338.

[111] Diebold, F. X. , Piazzesi, Monika, Rudebusch, Glenn, 2005, "Modeling Bond Yields in Finance and Macroeconomics", *American Economic Review*, Vol. 95, PP415 – 420.

[112] Doh, Taeyoung, 2012, "What Does the Yield Curve Tell Us About the Federal Reserve's Implicit Inflation Target?", *Journal of Money, Credit, and Banking*, Vol. 44, No. 3, PP469 – 486.

[113] Douglas, T., Breeden, 1979, "An Intertemporal Asset Pricing Model with Stochastic Consumption and Investment Opportunities", *Journal of Financial Economics*, Vol. 7, No. 3, PP265 – 296.

[114] Douglas, T. Breeden, Robert, H. Litzenberger, 1990, "Prices of State – Contingent Claims Implicit in Option Prices", *The Journal of Business*, Vol. 51, No. 4, PP 621 – 651.

[115] Duffee, Gregory, R., 2002, "Term Premia and Interest Rate Forecasts in Affine Models", *Journal of Finance*, Vol. 57, No. 2, PP 405 – 443.

[116] Duffie, D., Kan, R., 1996, "A Yield – factor Model of Interest Rates", *Mathematical Finance*, Vol. 6, No. 4, PP379 – 406.

[117] Efron, Bradley, Robert, J. T., 1993, "An Introduction to the Bootstrap", *Working Paper.*

[118] Eggertsson, G. B., Michael, W., 2003, "The Zero Bound on Interest Rates and Optimal Monetary Policy", *Brookings Papers on Economic Activity*, No. 1, PP139 – 211.

[119] Eliana, Galvez, Amortegui, 2017, "Effects of no – Standard Monetary Policy in the Term Structure of the US Yield Curve", *Working Paper*.

[120] Eugene, Fama, 1990, "Stock Returns, Expected Returns, and Real Activity", *Journal of Finance*, Vol. 45, No. 4, PP1089 – 1108.

[121] Fama, E. F., French, K. R., 1989, "Business Conditions and Expected Returns on Stocks and Bonds", *Journal of Financial Economics*, Vol. 25, PP 23 – 49.

[122] Favero, Carlo, Iryna, Kaminska, Ulf, Soderstrom, 2005, "The Predictive Power of the Yield Spread: Further Evidence and a Structural Interpretation", *Working Paper*.

[123] Fernandez, V., Jesus, R., Juan F., et al, 2015, "Solution and Estimation Methods for DSGE Models", *CEPR Discussion Papers* 11032.

[124] Francisco, Palomino, 2007, "Interest Rates, Bond Premia and Monetary Policy", working paper.

[125] Francisco, Palomino, 2012, "Monetary Policy Risk and the Cross Section of Stock Returns Bond Risk Premiums and Optimal Monetary Policy", *Review of Economic Dynamics*, Vol. 15, No. 1, PP19 –40.

[126] Fuhrer, C. , Jeffrey, 2000, "Habit Formation in Consumption and its Implications for Monetary Policy Models", *American Economic Review*, Vol. 90, No. 3, PP367 –390.

[127] Fuerst, T. S. , 2015, "Monetary Policy and the Term Premium", Journal of Economic Dynamics & Control, Vol. 52, PP1 –10.

[128] Gali, Jordi, 2008, "Monetary Policy, Inflation, and the Business Cycle: An Introduction to the New Keynesian Framework", *Working Papper.*

[129] Gürkaynak, R. , Sack, B. , Swanson, E. , 2005, "The Sensitivity of Long – term Interest Rates to Economic News: Evidence and Implications for Macroeconomic Models", *American Economic Review*, Vol. 95, No. 1, PP425 – 436.

[130] Hamilton, James, D. , Kim, D. H. , 2002, "A Reexamination Of The Predictability Of Economic Activity Using The Yield Spread ", *Journal of Money, Credit and Banking*, Vol. 34, No. 1, PP340 –360.

[131] Hans, Dewachter, Leonardo, Iania, 2009, "An Extended Macro – finance Model with Financial factors", *International Economics Center for Economic Studies Discussions Paper Series.*

[132] Hellerstein, R. , 2011, "Global Bond Risk Premiums", *Working Paper.*

[133] Peter, Hordahl, Oreste, Tristani, David, Vestin, 2006, "A joint Econometric Model of Macroeconomic and Term – structure Dynamics", *Journal of Econometrics*, Vol. 131, No. 4, PP405 –444.

[134] Peter, Hordahl, Oreste, Tristani, David, Vestin, 2008, "The Yield Curve and Macroeconomic Dynamics", *The Economic Journal*, Vol. 118, No. 533, PP1937 –1970.

[135] Palomino, Francisco, 2010, "Bond risk Premiums and Optimal Monetary Policy. ", *Review of Economic Dynamics*, Vol. 15, No. 1, pp19 - 40.

[136] Hordahl, Peter, Tristani, Oreste, 2012, "Inflation Risk Premia in the Term Structure of Interest Rates", *Journal of the European Economic Association*, Vol. 10, No. 6, PP634 - 657.

[137] Ireland, Peter, N. , 2007, "Changes in the Federal Reserve's Inflation Target: Causes and Consequences", *Journal of Money, Credit, and Banking*, Vol. 39, No. 11, PP1851 - 1882.

[138] Ireland, Peter N. , 2015, "Monetary Policy, Bond Risk Premia, and the Economy ", *Journal of Monetary Economics*, Vol. 76, PP124 - 140.

[139] Jens, H. E. , Christensen, J. A. , Lopez, Rudebusch, G. D. , 2010, "Inflation Expectations and Risk Premiums in an Arbitrage - Free Model of Nominal and Real Bond Yields", *Working Paper.*

[140] Jessica, A. , Wachter, 2006, "A Consumption - based Model of the Term Structure of Interest Rates", *Journal of Financial Economics*, Vol. 79, No. 2, PP365 - 399.

[141] Johannes, M. S. , Polson, N. , 2003, "Mcmc Methods for Continuous - time Financial Econometrics", *Electronic Journal*, Vol. 35, No. 2, PP1 - 72.

[142] Jonathan, H. , Wright, 2011, "Term Premia and Inflation Uncertainty: Empirical Evidence from an International Panel Dataset", *American Economic Review*, Vol. 101, No. 4, PP1514 - 1534.

[143] Johannes, Puckelwald, 2013, "The Influence of the Macroeconomic Trilemma on Monetary Policy - A Functional Coefficient Approach for the Taylor Rule", *Working Paper.*

[144] John, C. Cox, Jonathan, E. , Ingersoll, Jr. , Stephen A. Ross, 1985, "A Theory of the Term Structure of Interest Rates", *Econometrica*, Vol. 53, No. 2, PP385 - 407.

[145] John, H. R. , Chiara, S. , Jonathan, H. Wright, 2015, "Un-

conventional Monetary Policy and International Risk Premia", *Working Paper.*

[146] Joslin, Scott, Anh, L., Singleton K. J., 2013, "Gaussian Macro - Finance Term Structure Models with Lags", *Journal of Financial Econometrics*, Vol. 11, No. 4, PP581 - 609.

[147] Juan. A. G., Sebastian, E. V., 2006, "Werner Bond Risk Premia, Macroeconomic Factors and Financial Crisis in the Euro Area", *Working Paper.*

[148] Jules, H., Jesus, F., Ralph, S., Juan, R., 2012, "The Term Structure of Interest Rates in a DSGE Model with Recursive Preferences", *Journal of Monetary Economics*, Vol. 59, No. 7, PP634 - 648.

[149] Kang, K. H., 2010, Essays on Macro - Finance Asset Pricing Models and Estimation, published by Washington University press.

[150] Kaya, H., 2013, "The Yield Curve and the Macro - economy Evidence from Turkey" *Economic Modeling*, Vol. 32, No. 5, PP100 - 127.

[151] Ken, M., Mohanty, M. S., James, Y., 2015, "Spillovers of US Unconventional Monetary Policy to Asia: the Role of Long - term Interest Rates", *Working Paper.*

[152] Kim, D, Orphanides, A., 2005, "Term Structure Estimation with Survey Data on Interest Rate Forecasts", *FEDS Working Paper.*

[153] Kiley, Michael, T., 2014, "The Aggregate Demand Effects of Short - and Long - Term Interest Rates", *International Journal of Central Banking*, Vol. 10, No. 12, PP69 - 104.

[154] Klose, Jens, Weigert, Benjamin, 2012, "Determinants of Sovereign Yield Spreads During the Euro - crisis: Fundamental Factors Versus Systemic Risk", *Working Papers.*

[155] Kydland, F. E., Prescott, E. C., 1997, "Rules rather than Discretion: the Inconsistency of the Optimal Plan", *Journal of Political Economy*, Vol. 85, PP473 - 490.

[156] Leonardo, Iania, Hans, Dewachter, 2010, "An Extended Macro - Finance Model with Financial Factors", *Working Paper.*

[157] Li, H. , Li, T. , Yu, C. , 2013, "No – arbitrage Taylor Rules with Switching Regimes", *Management Science*, Vol. 59, No. 10, PP2278 – 2294.

[158] Menzie, D. C. , Kavan, J. K. , 2010, "The Predictive Power of the Yield Curve across Countries and Time", *Working Paper.*

[159] Marcello, P. , 2012, "Surprises in the Term Structure", *Working Paper.*

[160] Mark, Rubinstein, 1976, "The Valuation of Uncertain Income Streams and the Pricing of Options", *Bell Journal of Economics*, Vol. 7, No. 2, PP407 – 425.

[161] Martin, M. A. , 2012, "An Estimated DSGE Model: Explaining Variation in Nominal Term Premia, Real Term Premia, and Inflation Risk Premia", *European Economic Review*, Vol. 56, No. 8, PP1656 – 1674.

[162] Michael, F. G. , Burton, H. , Stanley, E. Z. , 2005, "Taylor rules, McCallum Rules and the Term Structure of Interest Rates", *Journal of Monetary Economics*, Vol. 52, No. 5, PP921 – 950.

[163] Michael, W. , 2003, "Inflation Targeting and Optimal Monetary Policy", *Princeton University Working Paper.*

[164] Mishkin, 1988, "What does the Term structure Tell Us about Future Inflation", *Working Paper.*

[165] Mohammed, S. I. , 2011, "Taylor Rule – based Monetary Policy for Developing Economies – A Case Study with Malaysia", *International Review of Business Research Papers*, Vol. 7, No. 1, PP134 – 149.

[166] Monika, Piazzesi, 2005, "Bond Yields and the Federal Reserve", *Journal of Political Economy*, Vol. 113, No. 2, PP311 – 344.

[167] Monika, Piazzesi, 2010, Affine Term Structure Models, In Yacine Ait – Sahalia and Lars Peter Hansen, Eds. Handbook of Financial Econometrics: Vol. 1, PP691 – 766.

[168] Monika, Piazzesi, Martin, Schneider, 2006, "Equilibrium Yield Curves", *NBER Working Paper.*

[169] Pando, M. , 2017, "Implications of ECB QE on CEE – 3 Term

Premia", *Working Paper.*

[170] Pericoli, M., Marco, T., 2008, "Canonical Term – Structure Models with Observable Factors and the Dynamics of Bond Risk Premia", *Journal of Money, Credit, and Banking*, Vol. 40, No. 8, PP1471 – 1488.

[171] Peter, T., 2017, "Monetary Policy Uncertainty and the Response of the Yield Curve to Policy Shock", *Working Paper.*

[172] Rajnish, M., 1985, "The Equity Premium A Puzzle", *Journal of Monetary Economic*, Vol. 15, PP145 – 161.

[173] Ralph. S. J. K., Hanno L., Stijn V. N., et al., 2010, "Long – Run Risk, the Wealth – Consumption Ratio, and the Temporal Pricing of Risk", *American Economic Review*, Vol. 100, No. 2, PP552 – 556.

[174] Ravenna, F., Seppala, J., 2007, "Monetary Policy and Rejections of the Expectations Hypothesis", *Working Paper.*

[175] Ravi, B., Ivan S., 2009, "Confidence Risk and Asset Prices", *NBER Working Paper.*

[176] Richard, Clarida, J., Galí, M. G., 2000, "Monetary Policy Rules and Macroeconomic Stability: Evidence and Some Theory", *The Quarterly Journal of Economics*, Vol. 115, No. 1, PP147 – 180.

[177] Robert, Lucas, 1978, "Asset Prices in an Exchange Economy", *Econometrica*, Vol. 46, No. 4, PP1429 – 1445.

[178] Robert, C. Merton, 1973, "An Intertemporal Capital Asset Pricing Model," *Econometrica*, Vol. 41, No. 5, PP867 – 887.

[179] Rudebusch, G. D., Brian P. S., and Eric, T. S., 2007, "Macroeconomic Implications of Changes in the Term Premium", *Federal Reserve Bank of St. Louis Review*, vol. 89, No. 4, PP241 – 269.

[180] Rudebusch, G. D., Eric, T. Swanson, 2012, "The Bond Premium in a DSGE Model with Long – Run Real and Nominal Risks", *American Economic Journal: Macroeconomics*, Vol. 4, Jan., PP105 – 143.

[181] Rudebusch, G. D., Eric T. Swanson, 2008, "Examining the Bond Premium Puzzle with a DSGE Model", *Journal of Monetary Economics*,

Vol. 55, PP111 - 126.

[182] Rudebusch, G. D., Wu, T., 2007, "Accounting for a Shift in Term Structure Behavior with No - arbitrage and Macro - Finance Models", *Journal of Money, Credit, and Banking*, Vol. 39, No. 2, PP395 - 422.

[183] Rudebusch, G. D., Wu T., 2008, "A Macro - finance Model of the Term Structure Monetary Policy and the Economy", *The Economic Journal*, Vol. 118, No. 530, PP906 - 926.

[184] Rudebusch, G. D., 2002, "Term Structure Evidence on Interest Rate Smoothing and Monetary Policy Inertia", *Journal of Monetary Economics*, Vol. 49, No. 6, PP1161 - 1187.

[185] Sanford, A. D., Martin, G. M., 2005, "Simulation - based Bayesian Estimation of an Affine Term Structure Model", *Computational Statistics & Data Analysis*, Vol. 49, No. 2, PP527 - 554.

[186] Sharon, K., Tinsley, P. A., 2002, "Monetary Policy Transmission through Term Premiums", *Computing in Economics and Finance*, Vol. 250, PP1401 - 1439.

[187] Sharon, K., Tinsley, P. A., 2002, "Term Premia: Endogenous Constraints on Monetary Policy", *Working Paper.*

[188] Shioji, E., 2000, "Identifying Monetary Policy Shocks in Japan", *Journal of the Japanese and International Economies*, Vol. 14, No. 1, PP22 - 42.

[189] Sims, C. A., 2002, "Solving Linear Rational Expectations Models", *Computational economics*, Vol. 20. No. 2, PP1 - 20.

[190] Swanson, E. T., 2007, "What We Do and Don't Know about the Term Premium", *Working Paper.*

[191] Stuart, H., Mohamed, S., 2010, "Consumption Asset Pricing and the Term Structure", *The Quarterly Review of Economics and Finance*, Vol. 50, No. 1, PP99 - 109.

[192] Sushanta, K. M., Mohanty, M. S., Fabrizio, Z., 2017, "Market Volatility, Monetary Policy and the Term Premium", *Working Paper.*

[193] Tolga, C., Denis, L., Michel, N., 2013, "Conventional Monetary Policy and the Term Structure of Interest Rate During the Financial Crisis", *Working Paper*.

[194] Tolga, O., 2011, "The Term Structure of Interest Rate as a Predictor of Inflation and Real Economic Activity: Nonlinear Evidence from Turkey", *Working Paper*.

[195] Wu, T., 2006, "Macrofactors and the Affine Term Structure of Interest Rates", *Journal of Money, Credit, and Banking*, Vol. 38, No. 7, PP1847 - 1875.

[196] Zhu, X. N., 2011, "Revisiting the Expectations Hypothesis: the Japanese Term Structure and Regime shifts", *Journal of Economics and Business*, Vol. 63, No. 3, PP237 - 249.

后　　记

时光荏苒，岁月如梭，四年博士研究生的学习生涯即将结束。回首往昔，百感交集，有未知的迷茫也有洞悉的喜悦，有生活学习的压力更有学术追求的执着。读博以来，虽然辛苦却为来之不易的学习机会而深感幸运，于是刻苦地学习各种理论，珍惜与老师和同学们的交流，从而顺利完成了博士论文的写作。但搁笔的同时，除了卸下重负的轻松外，更多的还是惶恐与不安，毕竟还有些许遗憾和不足，未来还有很长的科研道路需要持之以恒地探索，希望自己不负导师王雪标教授的不倦教诲与殷殷期望。

我的老师王雪标教授学识渊博、治学严谨、爱护学生。无论日常的生活与学习还是论文的构思与写作，王老师的关怀与悉心指导使我终生难忘。这篇论文倾注了王老师的心血与精力，从论文的选题，框架思路的厘清，以及最后的修改成文，老师给了我诸多的指导与中肯的意见，帮我解决问题。能成为王老师的学生，我倍感荣幸、受益匪浅。值此，向王老师及师母表示衷心的感谢与永远的祝福！

同时，感谢于百忙中拨冗参与论文预答辩的陈磊老师、王庆石老师、佟孟华老师、陈飞老师以及张同斌老师，你们对我论文的写作思路和内容提出了许多宝贵意见，使本书更臻完善。感谢对我传道授业的王维国老师、罗华老师、于刚老师、王远林老师等，你们的教育和关怀使我受益良多。

感谢我的好室友、好姐妹徐雅和常晋给我单调的住宿生活带来色彩和快乐！感谢我的同门师兄妹赵前程、唐吉洪、关禹、王晰、孙光林、周鑫、李书音等对我的帮助！感谢和我一同奋斗并给予帮助和鼓励的孟勇刚、刘慧娟、杨沫等同学，友谊之情常青。

最后要深深感谢我的家人，谢谢我的爸爸、妈妈对我的无私付出，希望你们健康快乐！谢谢我心爱的儿子周煊皓，这四年来妈妈没能经常陪伴你，希望以后的日子妈妈能为你创造更加优质的学习和生活环境 。在此，非常感谢我的丈夫对我学业和理想的支持，为了让我专心学习，承担了照顾孩子的重任，支撑着我一路走完这段艰难的日子。希望我们可以齐头并进，协同配合，在未来科研、生活中收获成长与快乐！

容颜易老岁月易逝，四年光阴弹指一挥。收笔之时，怀以惴惴之心完成此书，以期致谢与自勉。

郭俊芳

于东北财经大学图书馆

2018 年 3 月 7 日